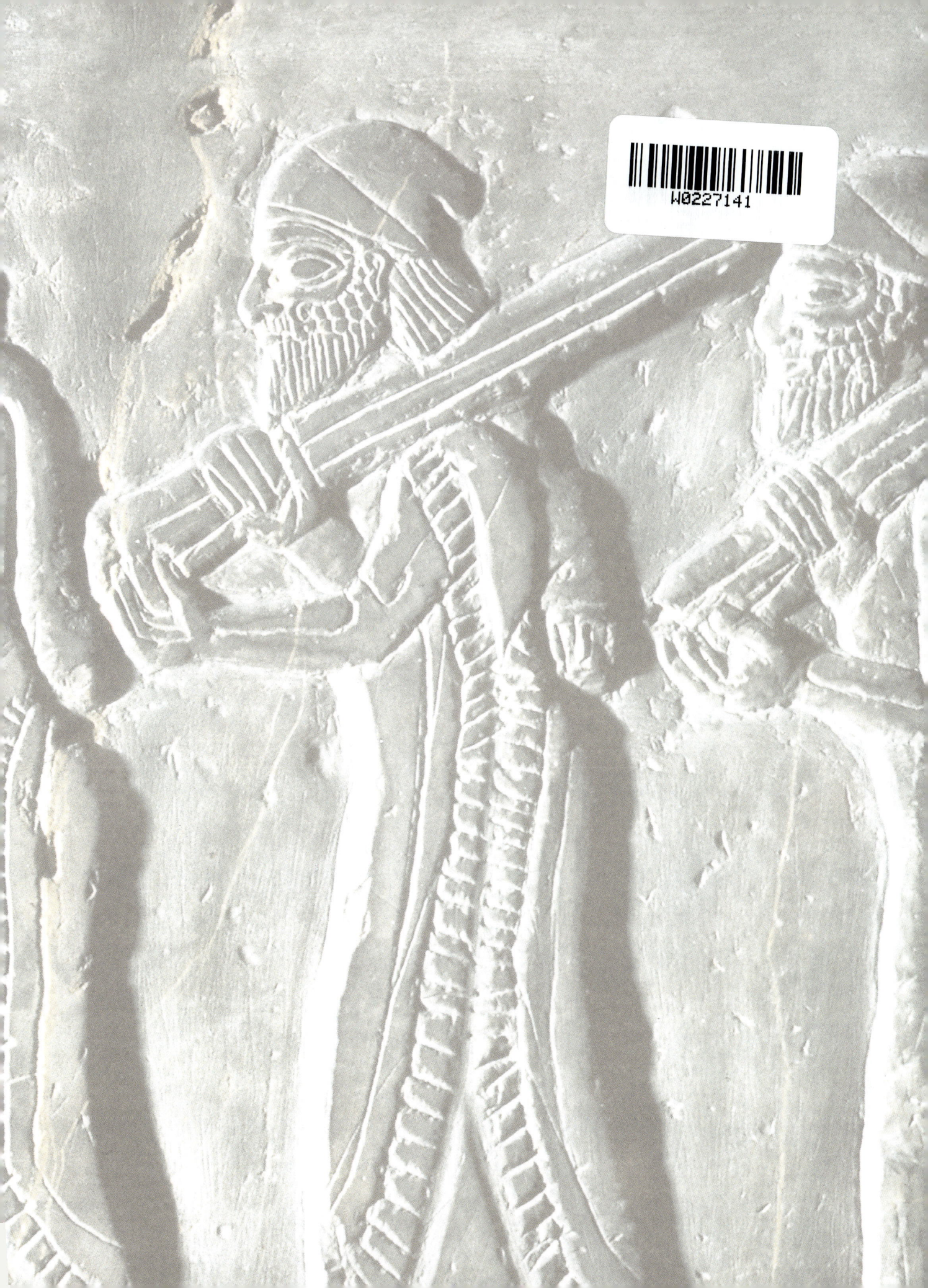

Lebensalltag in biblischer Zeit

REISEN·IN·DIE
VERGANGENHEIT

Lebensalltag
in biblischer
Zeit

Verlag Das Beste Stuttgart · Zürich · Wien

Menschenjagd: Assyrische Soldaten verfolgen einen Feind, der sich ins Schilf geflüchtet hat.

LEBENSALLTAG IN BIBLISCHER ZEIT
Gestaltung und Realisation: Toucan Books Limited,
London. Autor der englischen Originalausgabe:
Richard Walker

Redaktion: Dirk Katzschmann, Falko Spiller
Grafik: Nicole Teufel
Bildresearch: Helen Wiggett
Produktion: Sanja Ančić, Sven Sost-Wolter

Freie Mitarbeit
Übersetzung: Cornelia Fink

Redaktionsleitung
Suzanne Koranyi-Esser

Materialwirtschaft
Direktor Materialwirtschaft: Joachim Forster
Leitung Produktion Buch: Joachim Spillner

© der englischen Originalausgabe:
1996 Reader's Digest Association Limited, London
© der deutschsprachigen Ausgabe:
1996 Verlag Das Beste GmbH, Stuttgart

Die Bibelstellen wurden nach der *Guten Nachricht,
die Bibel in heutigem Deutsch* zitiert.

Printed in Spain

ISBN 3 87070 608 2

INHALT

Mit Schleudern bewaffnete assyrische Krieger (Relief aus Ninive).

Eine Lautenspielerin entlockt ihrem Instrument zarte Klänge.

Töpfe in den unterschiedlichsten Formen wurden als Öllampen verwendet.

Jahrtausendealte Würfel zeugen von der Liebe der Orientalen zum Spiel.

Diese assyrische Elfenbeinfigur stellt einen geflügelten Schutzgeist dar, der das Antlitz eines Menschen und den Körper eines Tieres besitzt.

Im Fruchtbaren Halbmond, einem grünen Streifen, der sich vom Persischen Golf bis zur Ostküste des Mittelmeers erstreckt

Fruchtbarer Halbmond

Vergrößerter Ausschnitt aus der linken Karte

Byblos

M i t t e l m e e r

Sidon

Damaskus

Tyrus

Dan

Hazor

See Gennesaret

Dor

Megiddo

Samaria

Jordan

Sukkot

Ebal

Joppe

Bethel

Gibeon

Sichem

Geser

Jericho

Nebo

Jerusalem

Totes Meer

Aschkelon

Lachisch

Hebron

Dibon

Gasa

Arad

Beerscheba

Negev

Persepolis

Araba

0 10 20 km

...ntwickelten sich einige der bedeutendsten Kulturen des Vorderen Orient.

DIE WELT DER ISRAELITEN

Zwischen der Zeit der ersten israelitischen Wanderhirten und Christi Geburt liegen etwa

zwei Jahrtausende einer ereignisreichen Geschichte, in der das Volk Gottes viele schwere

Prüfungen zu bestehen hatte und unter zahlreichen Herren seine Identität bewahren mußte.

Als im 17. Jh. ein irischer Erzbischof aufgrund verschiedener Berechnungen den Zeitpunkt des ersten Tages der Schöpfung exakt auf den 23. Oktober des Jahres 4004 v. Chr. datierte, wußte man von der Welt des Alten Testaments kaum mehr als das, was die Bibel selbst darüber berichtet. Seither haben Archäologen, Bibelforscher und andere Wissenschaftler eingehende Forschungen betrieben, so daß wir heute eine sehr viel bessere Kenntnis von der Welt der biblischen Patriarchen haben als der besagte Erzbischof und seine Zeitgenossen.

Die Geschichte des Heiligen Landes beginnt laut der Bibel mit den Erzvätern und ihren Familien, allen voran Abraham und Sara, die einst mit ihrer Sippe und ihren Herden die mesopotamische Heimat verließen, um in das Land zu gelangen, das der Herr ihnen verheißen hatte. Obgleich zwischen Bibelkundlern und anderen Gelehrten keine Einigkeit darüber herrscht, ob Abraham tatsächlich eine historische Person war, weiß man doch einiges über den Lebensalltag der Menschen, die am Anfang der Geschichte des Volkes Israel stehen. Die biblischen Patriarchen trugen die Verantwortung für das Wohlergehen von Großfamilien, die sich zu Sippen zusammengeschlossen hatten und auf der Suche nach günstigen Weideplätzen für ihre Herden als Halbnomaden umherzogen. Der Kreislauf der Jahreszei-

Wie einst die Sippen der biblischen Patriarchen führen die Beduinen von heute ein anstrengendes Nomadenleben, das von den schwierigen Bedingungen in einer kargen Umwelt geprägt ist.

IM DIENST DES PHARAO

In der Bibel heißt es, daß die Nachkommen Jakobs und seiner Sippe, die einst nach Ägypten ausgewandert waren, dort als Sklaven gehalten wurden und schwere Arbeit leisten mußten: „Je mehr man aber die Israeliten unterdrückte, desto zahlreicher wurden sie und desto mehr breiteten sie sich aus. Den Ägyptern wurde das unheimlich. Darum ließen sie die Israeliten als Sklaven für sich arbeiten, mißhandelten sie und machten ihnen das Leben zur Hölle. Sie zwangen sie, aus Lehm Ziegel herzustellen und harte Feldarbeit zu verrichten" (2. Mose 1, 12–14).

Obgleich es keine außerbiblischen Belege dafür gibt, daß die Israeliten als Sklaven für den Pharao arbeiten mußten und daher aus dem Land flohen, ist doch unbestritten, daß die Ägypter immer wieder in Kanaan einfielen und die Bevölkerung unterworfener Städte verschleppten. Statistiken aus dem 15. Jh. v. Chr. weisen darauf hin, daß unter Pharao Amenophis II. rund 90 000 Menschen aus Kanaan deportiert wurden.

Doch neben den Unglücklichen, die ihre Heimat unfreiwillig verlassen mußten, um im Dienst des Pharao harte Arbeit auf dem Feld zu leisten und Pyramiden und andere Bauwerke zu errichten, gab es auch viele Menschen, die freiwillig nach Ägypten kamen. Das Niltal, ein fruchtbarer Streifen von rund 1600 km Länge, übte mit seinen hervorragenden Voraussetzungen für die Landwirtschaft eine große Anziehungskraft auf die benach-

Unter Pharao Ramses II. entstanden im 13. Jh. v. Chr. zahlreiche Prachtbauten, an deren Errichtung vermutlich auch viele Sklaven beteiligt waren.

barten Völker aus. Insbesondere wenn es in den angrenzenden Ländern länger anhaltende Dürreperioden gab oder wenn kriegerische Auseinandersetzungen die Menschen zur Flucht zwangen, versuchten zahlreiche Einwanderer, sich in Ägypten eine neue Existenz aufzubauen.

Die meisten Ägypter verachteten die Neuankömmlinge, die sie wegen ihrer Wanderung durch die Wüste Sinai verächtlich als „Sandläufer" bezeichneten. Wenn die Fremden sich jedoch den Bräuchen in ihrer neuen Heimat anzupassen wußten, wurden sie von den Einheimischen schließlich doch akzeptiert, und wer besondere Fähigkeiten besaß und ein bißchen Glück hatte, konnte sogar ein wohlhabender Mann werden.

Auch die Sklaven hatten Möglichkeiten zum gesellschaftlichen Aufstieg. Pas-Baal, einer der kanaanitischen Gefangenen, die Pharao Thutmosis III. nach der Schlacht von Megiddo im Jahr 1482 v. Chr. mit nach Ägypten brachte, wurde oberster Zeichner im großen Tempel von Amun in Theben, und noch sechs Generationen später hatte einer seiner Nachkommen diesen Posten inne.

Von einer ungewöhnlichen Karriere handelt die Geschichte eines Kanaaniters mit dem ägyptisierten Namen Bay, der im 13. Jh. v. Chr. zum Hochkanzler gemacht wurde und während der Herrschaft des an Kinderlähmung leidenden Pharao Siptah erheblichen Einfluß auf die Geschicke des Landes hatte. Bay, der die Gunst einer königlichen Witwe genoß, trug den Titel „Herr des gesamten Landes", und es gelang ihm sogar, sich ein Grabmal im Tal der Könige zu sichern.

Bays ursprünglicher Name ist nicht bekannt, doch seine außergewöhnliche Erfolgsgeschichte weist verblüffende Parallelen mit dem Leben Josefs auf, der laut biblischer Überlieferung zum obersten Minister des Pharao aufstieg.

VÖLKER DER BIBEL

Im Alten Testament begegnen wir einer Vielzahl von Völkern,

welche die Geschichte des Heiligen Landes beeinflußt haben.

– Amoriter
Nordwestsemitische Nomaden aus Syrien, die im 3./2. Jt. v. Chr. nach Mesopotamien vorstießen und sich dort an die örtlichen Traditionen anpaßten.

– Aramäer
Nordwestsemitische Stämme aus dem westlich des Euphrat gelegenen Wüstengebiet Aram. Von dort drangen sie Ende des 2. Jt. v. Chr. nach Syrien und Mesopotamien ein.

– Assyrer
Ein äußerst kriegerisches semitisches Volk am oberen Tigris. Eng verwandt mit den Babyloniern im Süden; beide Völker werden unter der Bezeichnung „Akkader" zusammengefaßt

– Kanaaniter
Nordwestsemitische Stämme, die im Gebiet zwischen Ägypten und Mesopotamien lebten.

– Chaldäer
Semitisches Volk; seit Anfang des 1. Jt. v. Chr. in Babylonien ansässig.

– Elamiter
Volk im Südwesten des heutigen Iran. Das Reich der Elamiter er-

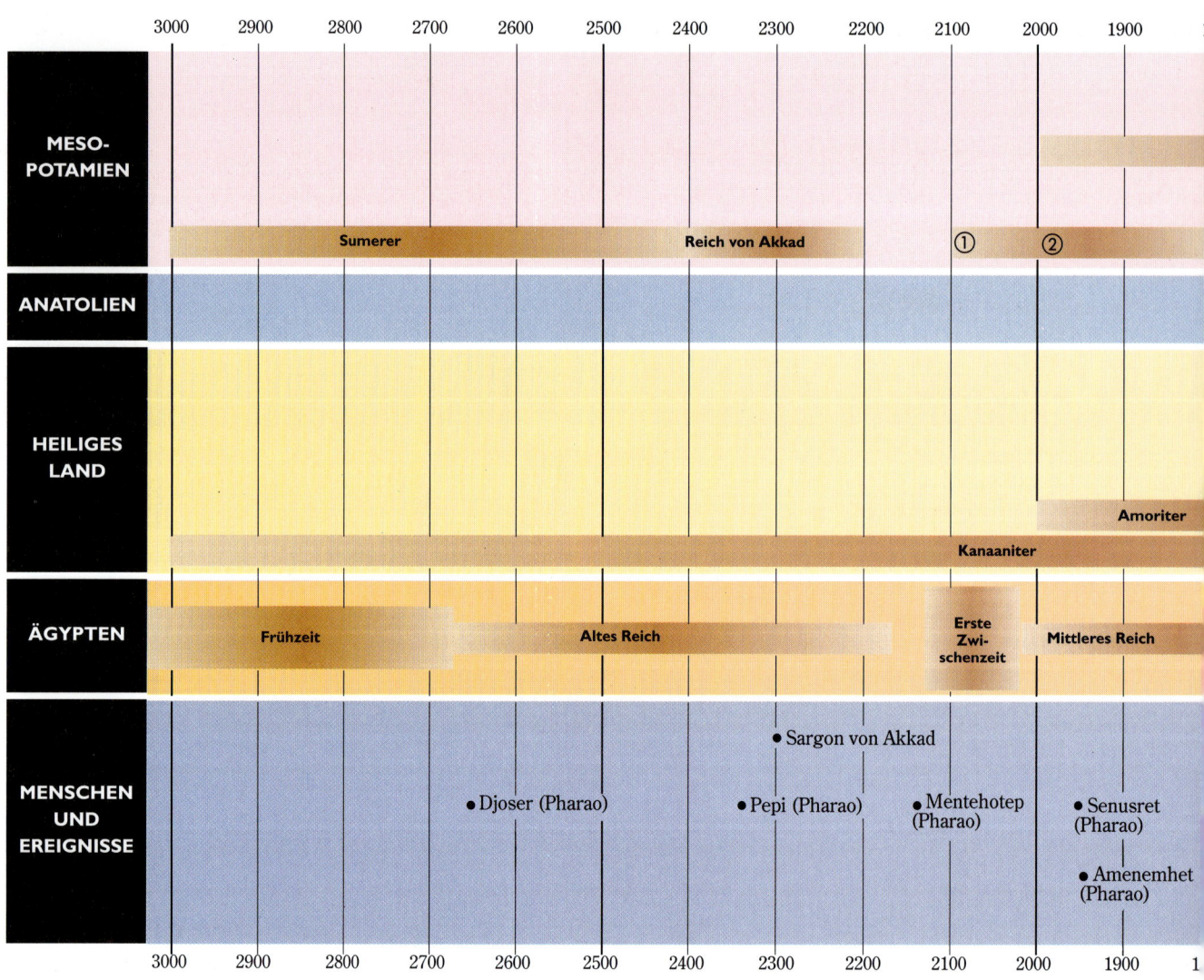

① Neusumerisches Reich (2100–2000). ② Irin-Larsa-Zeit (2000–1728). ③ Altbabylonisches Reich (1728–1530).

losch im Jahr 646 v. Chr. mit der Eroberung Susas durch die Assyrer.

– Hethiter

Dieses indoeuropäische Volk schuf im 2. Jt. v. Chr. in Kleinasien ein Großreich, das mit den Hurritern sowie Assyrien, Babylonien und Ägypten konkurrierte.

– Hurriter

Volk aus dem nördlichen Bergland, das seit Ende des 3. Jt. v. Chr. nach Syrien und Nordmesopotamien einwanderte. Ihr im Euphratbogen gelegenes Reich Mittani wurde um das Jahr 1350 v. Chr. von den Assyrern zerstört.

– Kassiten

Iranisches Bergvolk, das ab Ende des 16. Jh. v. Chr. bis 1160 v. Chr. Babylonien beherrschte.

– Meder und Perser

Indoeuropäische Einwanderer aus den südrussischen Steppen, die nah mit den Skythen und Indern verwandt waren. Im 7. Jh. v. Chr. zerstörten die Meder mit den Babyloniern das Assyrerreich. Den Persern gelang es im darauffolgenden Jahrhundert, sich von der medischen Vorherrschaft zu befreien.

– Philister

Aus der Ägäis kommend, ließen sie sich Ende des 2. Jt. v. Chr. an der Küste Palästinas nieder.

– Phönizier

Abkömmlinge der Kanaaniter, die im Gebiet des heutigen Libanon lebten und Handel trieben.

– Sumerer

Seit dem 4. Jt. v. Chr. in Südmesopotamien ansässige Mitbegründer der altorientalischen Hochkultur.

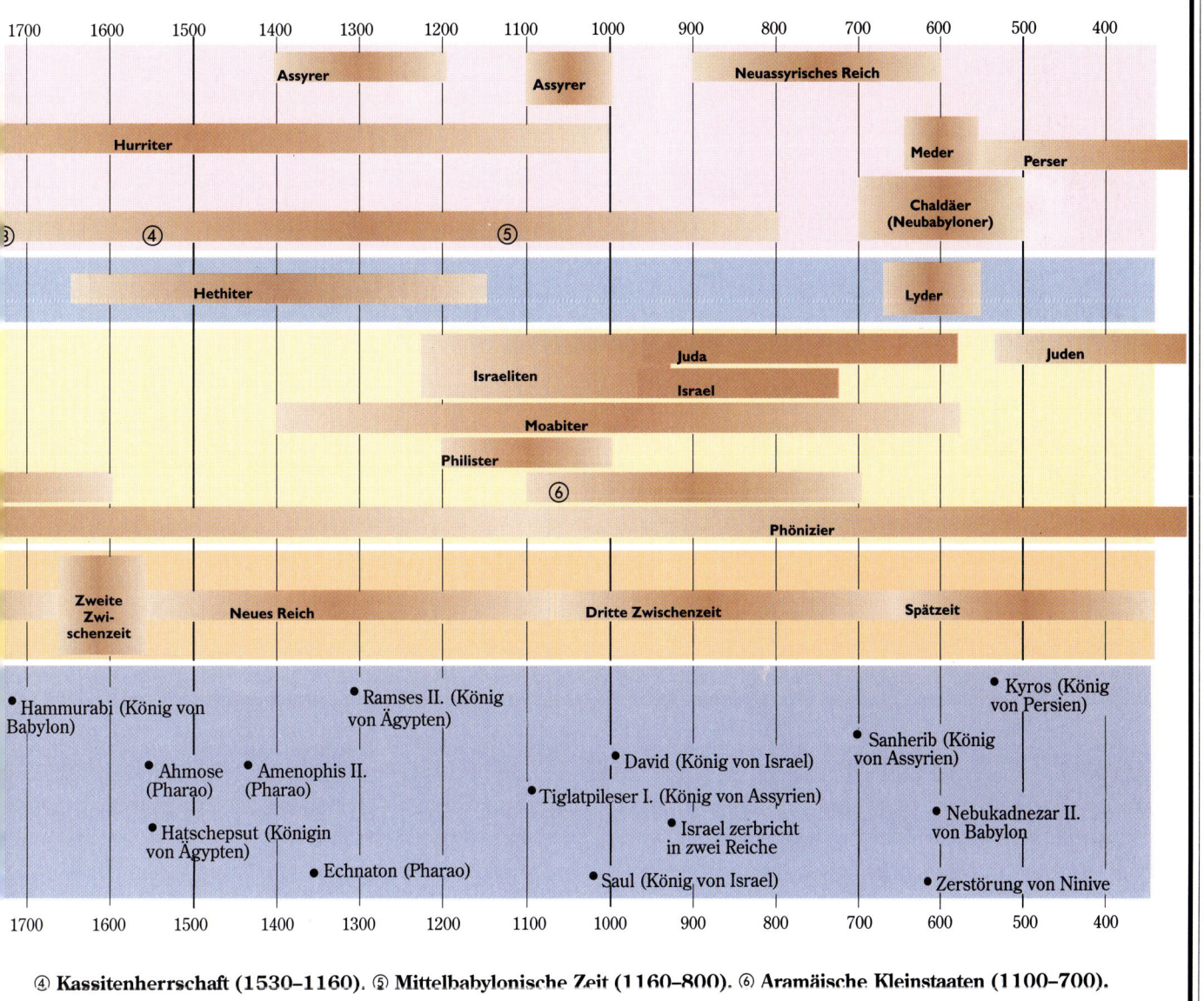

④ **Kassitenherrschaft (1530–1160).** ⑤ **Mittelbabylonische Zeit (1160–800).** ⑥ **Aramäische Kleinstaaten (1100–700).**

11

Sumerische Hirten bewachen ihre Tiere (mesopotamisches Mosaik aus dem 3. Jt. v. Chr.).

ten und mit ihm die Wanderung von Sommer- zu Winterweideplätzen und zurück bestimmten ihr Leben. Wenn die Sippen aufgrund einer Dürre oder anderer Naturkatastrophen gezwungen waren, die angestammten Weidegründe ihrer Herden zu verlassen und in fremden Gebieten nach Nahrung für Mensch und Tier zu suchen, gab es immer wieder Probleme mit anderen Nomaden und mit seßhaften Bevölkerungsgruppen, welche die Neuankömmlinge als Konkurrenz betrachteten. Besonders wenn die Wanderhirten sich anschickten, selbst ein Siedlerleben zu beginnen, waren Auseinandersetzungen kaum zu vermeiden. Schon die Bibel berichtet von diesem Gegensatz zwischen Nomaden und Bauern, einer Rivalität, die so alt ist wie die Geschichte der Söhne Adams und Evas, des „Bauern" Kain und des „Hirten" Abel. Das 1. Buch Mose vertritt eindeutig die Position des Nomaden. Als Kain Gott etwas von seiner Ernte opfern will, nimmt dieser keine Notiz davon, während er freundlich auf Abel blickt, der ihm die besten Stücke eines geschlachteten Lammes aus seiner Herde darbringt. Aus Eifersucht und Empörung tötet Kain Abel und wird auf alle Ewigkeit aus seiner Heimat verbannt.

An anderen Stellen des Alten Testaments wird das städtische Leben mit all seinen negativen Begleiterscheinungen heftig kritisiert. Sodom und Go-

morrha sind Stätten der Sünde, die es zu vernichten gilt, und ein ehrgeiziges Bauprojekt der Menschen, wie der Turm zu Babel, wird als Gotteslästerung angesehen. Zur Zeit des Alten Testaments war Babel der Name des mächtigen mesopotamischen Reiches Babylon und dessen gleichnamiger Hauptstadt, die an Glanz und Reichtum ihresgleichen suchte.

VON DEN ANFÄNGEN

Die Geschichte der Menschheit beginnt gemäß dem 1. Buch Mose im Garten Eden, wo der Baum, dessen Früchte ewiges Leben schenken, und der Baum der Erkenntnis wuchsen. Eden lag „im Osten", so sagt die Bibel, und wurde von einem Strom bewässert, der sich in vier Arme teilte: den Pischon, der „rund um das Land Hawila" floß, den Gihon, welcher „rund um das Land Kusch" floß, den Tigris „östlich von Assyrien" und schließlich den Euphrat. Einige Wissenschaftler vermuten aufgrund dieser Aussagen, das Land Eden sei identisch mit dem vogelreichen Sumpfgebiet am oberen Ende des Persischen Golfes.

Die fruchtbaren Täler Kanaans boten schon in biblischer Zeit hervorragende Lebensbedingungen und wurden von den Kanaanitern gegen die israelitischen Eindringlinge verteidigt (rechts).

Reiche Gaben für die Sieger: Israelitische Träger übergeben assyrischen Eroberern im 8. Jh. v. Chr. eine Fülle von Tributleistungen.

Während die Geschichte Adams und Evas nicht in einen historischen Zeitkontext eingebettet werden kann, spielt die Welt der Patriarchen vor einem geschichtlichen Hintergrund, der allerdings noch immer der Aufhellung bedarf. Nach Auffassung vieler Gelehrter lebten die Gründerväter des israelitischen Volkes zu Beginn des 2. Jt. v. Chr. Das Gebiet, das sie bei ihren Wanderungen durchquerten, erstreckte sich von der Spitze des Persischen Golfes bis zum Mittelmeer und umfaßte den heutigen Irak, Syrien, den Libanon, Jordanien, Israel und das Nildelta.

Die großen zivilisatorischen Zentren im Vorderen Orient waren Ägypten und die Stadtkulturen Mesopotamiens. Bedeutenden Anteil an ihrer Blüte hatte die auf künstlicher Bewässerung gründende Landwirtschaft – der Nil sowie Euphrat und Tigris lieferten lebenspendendes Wasser und den fruchtbaren Flußschlamm, der eine der Voraussetzungen für die reichen Ernten bildete.

Zwischen Ägypten und den Städten der in Südmesopotamien lebenden Sumerer gab es schon lange vor der Zeit der biblischen Patriarchen einen lebhaften Handel, dem zahlreiche kleine Siedlun-gen, welche die Karawanenstraßen säumten, ihren Aufschwung verdankten. Auch im Land Kanaan, dem heutigen Israel, entstanden zu jener Zeit Stadtzentren, die allerdings im Vergleich zu heutigen Städten sehr klein waren und in der Regel nur einige Hektar umfaßten. Viele Siedlungen wurden im Lauf der Jahrhunderte aus den unterschiedlichsten Gründen wieder aufgegeben. Neben Naturkatastrophen trugen insbesondere Überfälle von Nomaden, Rivalitäten zwischen einzelnen Städten oder Invasionen aus benachbarten Ländern zu diesem Niedergang bei.

Auch in Mesopotamien gab es immer wieder Auseinandersetzungen zwischen den verschiedenen Stadtstaaten, und mehrere Völker stritten mit unterschiedlichem Erfolg um die Vorherrschaft im fruchtbaren Zweistromland. So mußten sich die Sumerer um das Jahr 2300 v. Chr. den ursprünglich etwas weiter nördlich siedelnden Akkadern beugen. Sargon I. (um 2350–2295 v. Chr.), der erste Herrscher der semitisch sprechenden Akkader, schuf ein Großreich, das durch die Eroberungen seiner Nachfolger noch erweitert wurde und Städte in der Mittelmeerregion und am Persischen Golf

ZEITMESSUNG IM ALTEN ORIENT

In biblischer Zeit gab es eine Vielzahl von unterschiedlichen Zeitrechnungen, die das tägliche Leben und den Ablauf der religiösen Feste regelten. Die Kalender der Kulturen im Zweistromland und der alten Ägypter beruhten auf einer genauen Beobachtung der Natur und einiger immer wieder auftretender astronomischer Erscheinungen: dem regelmäßigen Wechsel zwischen Tag und Nacht, den verschiedenen Phasen des Mondes und schließlich der Folge der einzelnen Jahreszeiten.

Im alten Ägypten wurde das Leben durch die zyklischen Überschwemmungen des Nil bestimmt, und so war es kein Zufall, daß der Beginn des Kalenderjahres auf einen Tag gelegt wurde, an dem die Wasser des mächtigen Flusses zu steigen begannen. Das Anschwellen des Nil begann jedes Jahr um den 19. Juli herum und fiel – abgesehen von gelegentlichen Abweichungen – mit einem astronomischen Phänomen zusammen, das für die Ägypter den Jahreswechsel eindeutig markierte: An diesem Tag zeigte sich kurz vor Sonnenaufgang am östlichen Horizont der Stern Sirius, nachdem er lange nicht zu sehen gewesen war.

Die ägyptischen Wissenschaftler stellten fest, daß diese Himmelserscheinung durchschnittlich alle 365 Tage stattfand. Um ihren Kalender dieser Zahl anzupassen, teilten sie Mitte des 3. Jt. v. Chr. das Jahr in 12 Monate mit je 30 Tagen und ergänzten es mit fünf zusätzlichen Feiertagen, die sie dazu nutzten, die steigenden Fluten des Nil zu begrüßen.

Weil das Jahr der Ägypter mit 365 Tagen ungefähr einen Vierteltag kürzer war als das eigentliche Sonnenjahr, ergab sich eine allmähliche Verschiebung. Nach einem Zeitraum von 1461 Jahren stimmte der ägyptische Kalender jedoch wieder mit dem Sonnenkalender überein.

Die meisten Kalender im alten Orient bezogen sich auf den Lauf des Mondes, was wegen der Abweichung zum Sonnenjahr große Probleme bereitete. Ein Mondmonat dauert etwa 29,5 Tage, und ein Jahr mit zwölf dieser lunaren Monate umfaßt demzufolge 354 Tage. Somit ergibt sich eine Differenz von etwas mehr als 11 Tagen zum Sonnenjahr, die rasch zu einer Verschiebung der Monate führt. Daher mußten Völker wie die Babylonier, die ihre Zeit nach dem Mondkalender berechneten, regelmäßige Anpassungen an das Sonnenjahr vornehmen. In Mesopotamien geschah dies beispielsweise durch das Anfügen von einem zusätzlichen Monat, wobei seit dem 5. Jh. v. Chr. die Regel galt, daß in einem Zeitraum von 19 Jahren insgesamt siebenmal ein 13. Monat angehängt werden mußte. Die Astronomen hatten errechnet, daß 19 Mondjahre 19 Sonnenjahre ergaben, wenn man sie um sieben Monate ergänzte.

Die Zeitrechnung der Babylonier diente den Israeliten als Vorbild für ihren Kalender. Während ihrer Verbannung in Babylon hatten sie Bekanntschaft mit dieser Form eines Sonne-Mond-Kalenders gemacht, und auch nach ihrer Rückkehr ins Heilige Land sahen sie keine Notwendigkeit für erhebliche Änderungen.

Göttliche Symbole, darunter Stern und Halbmond, schmücken diesen babylonischen Grenzstein. Die Mesopotamier waren sorgfältige Beobachter des Himmels, und sie gaben vielen Sternenkonstellationen die Namen, unter denen sie noch heute bekannt sind.

Nach der erfolgreichen assyrischen Belagerung der israelitischen Stadt Lachisch (701 v. Chr.) werden Gefangene und Beute auf Ochsenkarren in das Land der Sieger gebracht.

umfaßte. Mit der zunehmenden Größe des Reiches wuchsen auch die Probleme, welche die Herrschaft über eine Vielzahl unterschiedlicher Völker und Stämme, über Seßhafte und Beduinen mit sich brachte. Schon kurz nachdem das Reich unter Naram-Sin, dem Enkel Sargons, seinen Machthöhepunkt erreicht hatte, zerfiel es aufgrund von inneren Streitigkeiten und der Bedrohung durch äußere Feinde. Die Herrschaft über weite Teile Mesopotamiens übernahmen nach dem Bergvolk der Gutäer, das entscheidenden Anteil an der Zerstörung des akkadischen Reiches hatte, vorübergehend wieder die Sumerer. Zum Zentrum ihres Reiches machten sie Ur, eine der ältesten mesopotamischen Städte.

Neben den Sumerern gab es zu Beginn des 2. Jt. v. Chr. noch eine Reihe weiterer Völker, wie z. B. die Hurriter aus Nordmesopotamien, die versuchten, ihren Einfluß im Zweistromland geltend zu machen. Um das Jahr 1900 v. Chr. hatten die semiti-

schen Amoriter in vielen mesopotamischen Städten die Vorherrschaft, und unter ihrer Regierung gewann eine Stadt große Bedeutung, die in den kommenden Jahrhunderten eine wichtige Rolle im Vorderen Orient spielen sollte: Babylon. Unter König Hammurabi, der 1792–1750 v. Chr. regierte, wurde Babylon die glanzvolle Metropole eines mächtigen Großreiches.

VON UR ZUM GELOBTEN LAND

Babylon war vermutlich schon ein bedeutender Machtfaktor im Vorderen Orient, als die Gründerväter Israels von Mesopotamien aus ins Heilige Land aufbrachen. Der Bibel zufolge verließ Abrahams Sippe Ur und wanderte euphrataufwärts nach Haran, wo ebenso wie in Ur der Mondgott Nanna verehrt wurde. Von Haran aus, dem Kreuzungspunkt mehrerer Karawanenwege, führte sie ihr Weg weiter nach Kanaan und teilweise auch nach

Ägypten. Überlieferte Aufzeichnungen aus Ägypten bestätigen, daß in den ersten Jahrhunderten des 2. Jt. v. Chr. immer wieder Nomadenverbände den Weg durch die Wüste Sinai wählten, um von Kanaan nach Ägypten und zurück zu gelangen. Einige dieser Wanderhirten wurden im 18./17. Jh. v. Chr. im Gebiet des Nildeltas ansässig und konnten sogar erheblichen Einfluß in ihrer neuen Heimat gewinnen. Das Erstarken einheimischer Kräfte führte jedoch dazu, daß viele der Einwanderer Ägypten im 16. Jh. v. Chr. wieder verließen. Doch nicht alle Semiten, die sich im Lauf der Jahrhunderte in Ägypten niedergelassen hatten und zu Bauern geworden waren, gaben ihre Siedlungen auf. Möglicherweise kam es im 13. Jh. v. Chr. zu einer weiteren großen Auswanderungswelle, dem Exodus, den das 2. Buch Mose beschreibt. Zeitgenössische Aufzeichnungen bieten allerdings keine Informationen, welche die biblische Geschichte in der uns bekannten Form bestätigen könnten.

DAS HEILIGE LAND

Bereits lange vor der Besiedlung des Heiligen Landes durch die Israeliten hatten die Kanaaniter sich in ihrer gebirgigen, von Meer und Wüste umgebenen Heimat eine Lebensgrundlage geschaffen. Hunderte von Bauernanwesen lagen über die Täler verstreut, und die nächste befestigte Stadt war meist nur eine Tagesreise entfernt.

Einen Großteil des 2. Jt. v. Chr. hatten die Ägypter wesentlichen Einfluß auf die Geschicke Kanaans. Im 15. Jh. v. Chr. führte der Pharao Thutmosis III. einen blutigen Feldzug, der zur Entvölkerung zahlreicher Städte führte; viele ihrer Bewohner wurden nach Ägypten verschleppt. Von den einheimischen Fürsten verlangte man, daß sie einen Treueeid ablegten und ihre Söhne als Geiseln nach Ägypten schickten.

Nach einer Periode, in der die Macht der Ägypter schwächer wurde, konnten diese ihre Herrschaft wieder festigen. Entlang den Karawanenstraßen, die durch die Wüste Sinai führten, errichteten sie befestigte Stützpunkte, und auch in Kanaan selbst gab es von Ägyptern kontrollierte Festungen. Gegen Städte, die sich nicht unterwerfen wollten, unternahmen die Ägypter Strafexpeditionen, bei denen sie keine Gnade walten ließen. Von einem dieser Feldzüge zeugt eine während der Herrschaft von Pharao Merenptah errichtete Granitstele vom Ende des 13. Jh. v. Chr. Auf ihr wird zuerst die Unterwerfung dreier kanaanitischer Städte gepriesen, bevor es am Schluß heißt: „Israel liegt verwüstet; seine Saat ist vernichtet." Dies ist der erste Hinweis außerhalb des biblischen Textes auf die Existenz eines Landes namens Israel.

NIEDERGANG UND NEUBEGINN

Im 13. und 12. Jh. v. Chr. drangen zunehmend Invasoren aus dem ägäischen Raum und dem Süden Anatoliens in ägyptisches Gebiet ein. Anfänglich kam es ohne größere Probleme zu einer Verschmelzung dieser sogenannten Seevölker mit der einheimischen Bevölkerung. Doch aufgrund immer neuer Umwälzungen und der damit verbundenen Flüchtlingsströme verschärften sich die Spannungen, und Ägypten sah seine Macht ernsthaft bedroht. Anfang des 12. Jh. v. Chr. gewann Ramses III. zwei große Schlachten gegen die Seevölker, worauf sich die Angreifer, unter ihnen auch die Peleset (Philister), zurückzogen und an der Küste Kanaans niederließen. Dieses Gebiet stand zwar damals theoretisch noch unter ägyptischer Herrschaft, doch tatsächlich hatten die Ägypter zu diesem Zeitpunkt fast jeden Einfluß verloren. Obwohl Ägyptens Machtstellung aufgrund der Invasionen und der damit verbundenen politischen Veränderungen im gesamten Vorderen Orient stark geschwächt war, konnte sich die einstige Großmacht allerdings noch glücklich schätzen, im Unterschied zu vielen anderen

Unterschiedlich geformte Krüge zeugen von der Kunstfertigkeit kanaanitischer Töpfer.

Die Philister (hier einige Krieger auf einem ägyptischen Relief) zählten im 11./10. Jh. v. Chr. zu den Feinden der Israeliten. Rechts unten: Bronzestatuette einer kanaanitischen Gottheit.

bedeutenden Reichen des Nahen Ostens nicht völlig untergegangen zu sein.

Durch den Abzug der Ägypter war in Kanaan ein Machtvakuum entstanden, und eine Vielzahl von Völkern versuchte von den neuen Verhältnissen zu profitieren. Die Aramäer aus dem Wüstengebiet Aram gründeten Städte im Norden Kanaans; die Kanaaniter kontrollierten u. a. das obere Galiläa, und an einem schmalen Küstenstreifen etablierten sich die ebenfalls kanaanitischen Phönizier.

Im 11. Jh. v. Chr. versuchten die Philister, ausgehend von ihren Küstenstützpunkten, auch im Landesinneren Fuß zu fassen. Dabei kam es zu Auseinandersetzungen mit den erst von Stammesführern und später von Königen beherrschten Israeliten. Saul, der vermutlich 1024 v. Chr. Israels erster König wurde, starb 20 Jahre später im Kampf gegen die Philister, doch sein Nachfolger David besiegte die Feinde und vereinigte die zwölf Stämme Israels unter seiner Herrschaft. Nach dem Tod von Davids Sohn Salomo im Jahr 926 v. Chr. zerfiel das Reich in

zwei Teile: Israel im Norden und Juda im Süden. Krieg und Fremdherrschaft bestimmten die folgenden Jahrhunderte; Israel wurde 721 v. Chr. von den Assyrern besiegt, und 587 v. Chr. eroberte der babylonische Herrscher Nebukadnezar das Südreich und verschleppte dessen Oberschicht.

Ende des 4. Jh. v. Chr. brachten die Armeen Alexanders des Großen griechische Einflüsse ins Heilige Land, und zwei Jahrhunderte später übernahmen die Römer die Herrschaft. Doch allen Umwälzungen zum Trotz hatte sich das Leben der einfachen Menschen seit den Zeiten der Patriarchen kaum verändert. Die Sorge um das tägliche Brot und der Kampf um das Überleben der Sippen prägten wie vor Jahrhunderten den Alltag der Bevölkerung, die sich um die hohe Politik wenig kümmerte.

BAUERN UND STADTBEWOHNER

Im Lauf des zweiten vorchristlichen Jahrtausends gaben die Israeliten das Nomadenleben ihrer Vorfahren allmählich auf und wurden zu Ackerbauern, die überwiegend in kleinen Siedlungen lebten. Harte Arbeit auf den Feldern prägte den Alltag der Landbevölkerung, die sich bei Gefahr in die nächstgelegene befestigte Stadt flüchtete. Auch die meisten Bewohner dieser häufig völlig überfüllten Ortschaften waren Bauern, die am Morgen durch das Stadttor eilten, um ihre Herden zu hüten oder ihr Land zu bestellen.

DAS LEBEN AUF DEM LAND

Die Israeliten mußten im Schweiße ihres Angesichts den Lebensunterhalt ihrer Familien sichern.

Wenn die meist ergiebigen Regenfälle in den Wintermonaten ausblieben, drohten ihnen

jedoch trotz aller Mühen schwere Hungersnöte.

Die Bibel wird nicht müde, Kanaan in den leuchtendsten Farben zu schildern. Von einem „prächtigen Land" mit „Weizen und Gerste, Feigenbäumen und Granatäpfeln, Olivenöl und Honig" ist beispielsweise im 5. Buch Mose die Rede – eine Beschreibung, die viele Ähnlichkeiten mit dem Bericht des Ägypters Sinuhe aufweist, der Anfang des 2. Jt. v. Chr. aus seinem Heimatland geflohen war und in Kanaan Zuflucht gefunden hatte. Es „war ein gutes Land", so schrieb er, „es gab

Feigen und Trauben darin. Es besaß mehr Wein als Wasser. Der Honig floß reichlich, und es gab Oliven im Überfluß. Es gediehen alle Arten von Obstbäumen. Man erntete Gerste und Weizen. Es gab alle Arten von Vieh."

Dennoch war Kanaan, das „Gelobte Land" der Bibel, nur in sehr eingeschränktem Maß ein „Land, wo Milch und Honig" flossen. Es gab keine größeren Flüsse, so daß die Bevölkerung auf die periodischen, meist im Oktober beginnenden und bis

in den April hineinreichenden Regenfälle hoffte, welche die Bewässerung der Äcker, Felder und Obstgärten sichern sollten. Blieben die notwendigen Niederschläge jedoch aus, oder schwemmten allzu heftige Regenfälle die dünne Ackerkrume hinweg, drohten schwere Hungersnöte. Eine Passage im 5. Buch Mose macht die Bedeutung des Regens für die Bevölkerung Kanaans deutlich: „Wenn ihr … euren Gott mit ganzem Herzen und mit allen Kräften liebt und ehrt, wird er euren Feldern zur rechten Zeit Regen schicken … ihr werdet Korn, Wein und Öl ernten können, und euer Vieh wird Gras zum Weiden finden. Ihr werdet immer genug zu essen haben."

PARADIES MIT HINDERNISSEN

Die Israeliten, die sich in der zweiten Hälfte des 2. Jt. v. Chr. in Kanaan niederließen, mußten vermutlich erst einmal mit den hügeligen und recht trocke-

nen Randgebieten des Landes vorliebnehmen, da die fruchtbaren Flußtäler von den einheimischen Kanaanitern verteidigt wurden. Dennoch wird den Nomadenstämmen, die aus Ägypten emigrierten und – folgt man der Darstellung im 2. Buch Mose – jahrzehntelange Wüstenwanderungen hinter sich hatten, das kleine Gebiet zwischen Mittelmeer und Jordan wie ein Paradies vorgekommen sein.

Die Eroberung Kanaans erfolgte nach Ansicht zahlreicher Wissenschaftler nicht durch einen einzigen Angriff, sondern erstreckte sich über einen längeren Zeitraum. Vermutlich drangen die Israeliten in mehreren Schüben ein und ließen sich in Gegenden nieder, die von den Kanaanitern nur

Die kahlen Hügel der judäischen Wüste erinnern an die bittere Zeit der Entbehrungen, welche die israelitischen Nomadenstämme einst auf ihrem jahrzehntelangen Weg ins Gelobte Land erdulden mußten.

Harte Arbeit: Das sorgfältige Anlegen von Terrassen ermöglichte den Israeliten die landwirtschaftliche Nutzung der steilen Berghänge in Judäa.

unzureichend verteidigt und ohne größeren Widerstand preisgegeben wurden. Die Neuankömmlinge besiedelten nach und nach einen schmalen, etwa 240 km langen Hochlandstreifen. Die Hügel waren sorgfältig in Terrassen angelegt und von Tälern durchschnitten, die günstige Bedingungen für den Ackerbau boten. Um dem Boden gute Erträge abzuringen, mußte jedoch auch im Land der Ver-

heißung hart gearbeitet werden – „im Schweiß deines Angesichts sollst du dein Brot essen", heißt es schon in der Genesis. Wahrscheinlich dauerte es mehrere Jahrzehnte, bis die Rodung der Wälder und die Terrassierung der Felder abgeschlossen waren.

Die Landschaft wurde von den allgegenwärtigen Ölbäumen geprägt, die selbst an Orten gediehen,

AUF GESCHÄFTSREISE

Als Benaiah am Morgen aufstand, ärgerte er sich noch immer über seinen reichen Schwager Ahiyu, der mit seinen drei Söhnen im oberen Schlafzimmer schnarchte, während sein bunt gemischtes Gefolge im Hof lagerte. Die Gesellschaft war am Vortag von Jerusalem nach Geser gekommen. Dank guter Verbindungen, die er aus seiner angeblichen weitläufigen Verwandtschaft mit dem Königshaus David herleitete, und wegen seiner Skrupellosigkeit hatte Ahiyu ein recht ansehnliches Vermögen angehäuft. Er war Herr über drei Bauernhöfe und einen Gemüsegarten unmittelbar vor den Mauern Jerusalems, den der vorige Eigentümer, ein Cousin seiner Frau, nun als Pächter bearbeitete.

Angelockt vom köstlichen Duft des frischgebackenen Brotes kamen Benaiahs Gäste nun die Stufen herunter. Seine Frau hatte ihre Tochter Miriam mit Öl und Duft-stoffen gesalbt, in der Hoffnung, Ahiyus Interesse zu wecken, der noch eine Frau für seinen einzigen unverheirateten Sohn suchte. Obwohl es eigentlich als Sünde galt, umfaßte sie mit ihren Fingern heimlich eine kleine Figur der Göttin Ascherah, die ihr Glück bringen sollte.

Ahiyus Bedienstete luden Benaiahs Olivenernte auf einen Ochsenkarren, und nachdem sie die Einladung ihres Gastgebers, seinen Hof zu besichtigen, abgelehnt hatten, machten sie sich mit ihrem Herrn auf den Weg. Schon bald gesellten sich andere Reisende zu der Gesellschaft, und so bildete sich eine kleine Karawane, deren Ziel die unter der Herrschaft der Assyrer zu Wohlstand gekommene Philisterstadt Ekron war.

Die Oliven wurden bei einer der vielen Ölmühlen abgeliefert, die es in Ekron gab – die geschäftstüchtigen Assyrer hatten die gesamte re-gionale Produktion hier konzentriert. Ahiyu sah zu, wie die Mühlsteine mahlten und die Früchte von den großen Gewichten zerdrückt wurden.

Am Abend, als seine Söhne ausgegangen waren, um sich den Tempel von Beelzebub anzusehen, hatte Ahiyu eine wichtige Verabredung mit einem phönizischen Kaufmann, der u. a. mit edlem Parfüm handelte und mit ihm ins Geschäft kommen wollte. Sie feilschten bis spät in die Nacht, wobei sie starken Wein tranken. Dabei sprachen sie auch über die politische Lage, sofern sie ihre Geschäfte beeinträchtigen konnte.

Mit etwas verschleiertem Blick ging Ahiyu in sein Quartier. Morgen würde er ein wunderschönes phönizisches Kleid für seine sehr anspruchsvolle Frau und Schmuck für sein hübsches Lieblingsdienstmädchen kaufen und sich danach auf den Heimweg machen.

Ein Kaufmann verabschiedet sich von einem Bauern, dessen gesamte Olivenernte er gekauft hat.

Feigen

Granatapfel

Datteln

Weinrebe

Oliven

Früchte des Orient: Weintrauben wurden für die Herstellung von Wein und Rosinenkuchen angebaut. Feigen, die sich gut als Reiseproviant eigneten, aß man frisch und getrocknet. Vielseitige Verwendung fanden Oliven, deren Öl zum Kochen, als Brennstoff für Lampen und als Hautpflegemittel diente. Zu den beliebtesten Köstlichkeiten zählten Granatäpfel und Datteln.

an denen andere Früchte nicht angebaut werden konnten. Im Westen fielen die Hügel sanft zum Mittelmeer hin ab, wo in der warmen, feuchten Ebene die Festungen der Philister verstreut lagen. Im Osten, jenseits des Jordangrabens, erstreckte sich ein Tafelland, das sich in der arabischen Wüste verlor. Entlang des fruchtbaren Randes dieses Plateaus befanden sich die Getreidefelder und Weideländer der Moabiter, Ammoniter und Aramäer, einige Eichen- und Kiefernwälder sowie die flußbewässerten Gärten von Damaskus.

Weiter im Norden, eine etwa zehntägige Karawanenreise von Damaskus entfernt, wand sich der

Die Rillen in der Einfassung eines alten Ziehbrunnens erinnern an Generationen von Dorfbewohnern, die an Seilen ihre Wassergefäße herauszogen.

Obere Euphrat, und noch weiter nördlich bewässerte der Tigris die Heimat der Assyrer. Flußabwärts von Assyrien lag Babylon und die von der Sonne hartgebackene Überschwemmungsebene, die in der feuchten Jahreszeit Ur und die anderen frühen Stadtstaaten bis hin zum persischen Golf ernährte.

DIE SEGNUNGEN DES WASSERS
Eng mit der biblischen Geschichte der Landnahme verknüpft ist der Jordan, den die Israeliten auf der Höhe von Jericho durchquerten, um in das Gelobte Land zu gelangen. Im Buch Josua wird berichtet, daß dieses Unterfangen mit Gefahren verbunden war, denn „um diese Zeit führt der Jordan so viel Wasser, daß er über die Ufer tritt". Mit Gottes Hilfe – so die Bibel – gelang den Israeliten jedoch die Durchquerung, worauf sie die knapp 8 km westlich des Flusses in einem Tal gelegene Oasenstadt Jericho eroberten.

Der 21 km lange und bis zu 12 km breite Jordan fließt durch das Hulebecken und den See Gennesaret bis zur salzigen Senke des Toten Meeres.

BERUF VOLLER MÜHSAL
Einer der häufigsten landwirtschaftlichen Berufe in biblischer Zeit war der des Hirten. Tag und Nacht trotzten diese Menschen den Unbilden des Wetters, und ständig mußten sie um ihr Leben fürchten, das wilde Tiere und Räuber bedrohten.

Wie vor Jahr und Tag: Ein Hirte hütet seine Schafherde, die ihm sein bescheidenes Auskommen sichert.

Dahinter erheben sich die kahlen Hochebenen von Araba, die sich bis hinunter zum Golf von Akaba, dem nordöstlichen Arm des Roten Meeres, erstrecken. An deren Ostflanke reichte das biblische Land Edom in die Wüste, und eine Kette von Oasen wies den Weg zum fernen Saba. In der anderen Richtung, jenseits von Beerscheba, verlor sich das Gelobte Land in der Wüste Negev, und dahinter waren die kahlen und unfruchtbaren Felsen und Schluchten des Sinai die letzte Barriere vor dem üppigen Nildelta.

Während der Nil, der in jedem Jahr die Ufer überschwemmte, mit fruchtbarem Flußschlamm die besten Voraussetzungen für die

Ein Relief aus Ninive, der ehemaligen Hauptstadt des mächtigen Assyrerreiches, zeigt einen Ochsen und eine Frau, die Wasserschläuche tragen.

ägyptische Landwirtschaft bot, mußten die Bauern im weniger begünstigten Judäa mit den Wasservorräten streng haushalten, um die ausreichende Bewässerung der Felder zu gewährleisten. Bereits der Ägypter Sinuhe hatte geschrieben, daß es mehr Wein als Wasser in Kanaan gab. Während der Sommermonate war es ebenso wie noch heute sehr heiß und trocken. Glücklicherweise bilden die aus Kalkstein bestehenden Berge ein natürliches Wasserreservoir, aus dem zahlreiche Quellen sprudeln, so auch jene, denen die eng mit der Geschichte der Israeliten verbundenen Städte Jerusalem und Jericho ihre Entstehung verdanken. Die Menschen nutzten diesen kostbaren Schatz der Natur und legten unterirdische Zisternen im Felsgestein an, um den ergiebigen Winterregen für trockene Zeiten aufzufangen.

DIE MÜHEN DER LANDWIRTSCHAFT

Die Lebensweise der Israeliten bzw. Hebräer, die laut biblischer Überlieferung unter Führung des Mose durch die Halbinsel Sinai zogen, ähnelte vermutlich jener der Beduinen, die in diesem Gebiet umherzogen. Sie nächtigten in Zelten, die aus Ziegen- oder Kamelhaar gefertigt waren, gingen auf die Jagd und suchten nach Weideland für ihre Herden. Auch in Kanaan betrieben die ehemaligen Wanderhirten anfänglich vor allem Viehzucht, doch im Zuge des Wandels vom Nomadentum zur Seßhaftigkeit gewann die Landwirtschaft stark an Bedeutung. Archäologische Untersuchungen haben ergeben, daß sich diese grundlegenden Veränderungen vermutlich vor allem im 12. und 11. Jh. v. Chr. vollzogen. Damals verließen viele Israeliten die kleinen Siedlungen, in denen sie lebten und gründeten größere Orte, die an wichtigen Verbindungswegen oder in der Nähe von Quellen lagen.

Die Arbeit auf den Feldern und Äckern war besonders während der heißen Sommermonate mit großen Mühen verbunden. Das Landwirtschaftsjahr begann Ende Oktober, wenn die Regenfälle einsetzten und die von der glühenden Sonne der Sommermonate hartgebackene Erde gepflügt wer-

Dieses assyrische Relief zeigt Festgäste beim Essen. Mit ihren Händen greifen sie in eine für alle Speisenden bestimmte Schüssel.

den konnte. Die schweren Pflüge wurden meist von Ochsen gezogen, während man Esel als Lasttiere einsetzte.

KOMPLIZIERTE SPEISEGESETZE

In der Bibel gibt es eine Fülle von Vorschriften, welche die Ernährung betreffen. Die Regeln, die in der Thora, den fünf Büchern Mose, enthalten sind, werden noch heute von orthodoxen Juden als maßgeblich angesehen. Eines der wichtigsten Verbote betrifft den Genuß von Fleisch, wobei zwischen dem Fleisch reiner und unreiner Tiere unterschieden wird. Als unrein gelten fleischfressende Tiere, wozu auch der Allesfresser Schwein gezählt wird. Rein und damit zum Verzehr geeignet ist das Fleisch paarhufiger Wiederkäuer, da diese nur Pflanzen fressen.

Doch ohne Einschränkung darf auch das Fleisch dieser Tiere nicht gegessen werden. Bevor es verzehrt werden kann, muß ihm jegliches Blut entzogen werden. Dieser Grundsatz erklärt sich aus dem im 1. Buch Mose geäußerten göttlichen Verbot: „Allein esset das Fleisch nicht mit seinem Blut, in dem sein Leben ist!"

Ein weiteres jüdisches Speisegesetz, das sich auf die Bibel bezieht, untersagt das gemeinsame Kochen von Fleisch und Milch. Diese Regel ist eine verschärfte Auslegung der im 2. Buch Mose stehenden Vorschrift: „Du sollst das Böcklein nicht kochen in seiner Mutter Milch." Im Lauf der Jahrhunderte gab es unterschiedliche Interpretationen, wie dieses Bibelwort im Alltag umzusetzen sei. So entstanden sogar Verbote, Fleisch und Milch zusammen zu verzehren, und für Fleisch- und Milchprodukte verwendete man unterschiedliche Kochtöpfe und verschiedenes Geschirr und Besteck. Selbst das gemeinsame Waschen von Gerätschaften, die mit Fleisch oder Milch in Berührung gekommen waren, untersagten die strengen Auslegungen der biblischen Vorschrift.

Obwohl die natürlichen Gegebenheiten wie Klima und Beschaffenheit des Bodens den Israeliten zufriedenstellende Voraussetzungen für die Landwirtschaft boten, gab es keinen Überfluß, und die Menschen achteten darauf, daß nichts vergeudet wurde: Das Stroh von gedroschenem Getreide sammelte und lagerte man als Viehfutter für den Winter, und was danach an Spreu übrigblieb, ließ man mit Mist verrotten. Diese Mischung verwendeten die Bauern zur Düngung der Felder, oder sie nutzten sie in getrockneter Form als Brennmaterial.

Im Frühling, wenn die letzten ergiebigen Regenfälle die Ernte reifen ließen, füllte man vor den trockenen Monaten noch einmal die Zisternen, die mit einer Art Kalkzement versiegelt wurden, um zu verhindern, daß Wasser im Boden versickerte.

Der Frühling erfreute die Israeliten mit seinem angenehmen Klima und den Bildern, welche die Natur in dieser Jahreszeit malte: Anemonen und Alpenveilchen färbten die Hänge der Berge bunt,

Mit Olivenpressen wie diesem aus dem 3. Jh. v. Chr. stammenden Gerät erzeugten die Bauern schmackhaftes Öl.

und blühende Sträucher milderten die Schroffheit des Hochlandes mit dem Duft von Thymian und Salbei. Als erste blühten die Mandelbäume, anschließend brachen die leuchtend roten Blüten des Granatapfels auf, und auf den Zweigen der Feigen sprossen grüne Knospen.

Mit dem Herannahen des Sommers änderte sich rasch das Angesicht der Natur: Der Schirokko, ein heißer, staubbeladener Wind, verbrannte das frische Grün der Wiesen und ließ manchmal auch die Feldfrüchte verdorren, sofern diese nicht bereits von einem späten Regenguß weggespült worden waren.

Die Israeliten, die es gelernt hatten, mit den Launen des Wetters zu leben, verrichteten unbeeindruckt von den jeweils herrschenden Klimabedingungen ihre Feldarbeit. Früh im Jahr ernteten sie den Flachs, eine Winterfrucht. Ab Ende April stand die Ernte der Gerste an, und wenige Wochen später war der Weizen an der Reihe. Die kostbaren Weinstöcke wurden im Frühling geschnitten und während des Sommers für die herbstliche Weinlese gehegt und gepflegt. Die Haupterntezeit der Feigen lag im August und September, und schließlich waren auch die Früchte der knorrigen Olivenbäume reif für die Ernte, die bereits in die folgende Pflanzsaison fiel.

Der landwirtschaftliche Ertrag konnte durch eine Vielzahl unterschiedlicher Faktoren beeinträchtigt werden: Mangelnder Regen oder ein gefräßiger Heuschreckenschwarm stellten ebenso

ANTIKER TOAST

Im Jahr 1912 fand man in den Ruinen von Geser (ca. 32 km von Jerusalem) einen 3500 Jahre alten Brotfladen. Er war in dem verbrannten Schutt konserviert worden, der vom Überfall des Pharao Thutmosis III. stammen könnte, der die Stadt um das Jahr 1480 v. Chr. einnahm und die Bevölkerung nach Ägypten verschleppte.

BIBLISCHE WEISHEITEN

Im Buch der Sprichwörter Salomos findet sich eine Fülle von Aussagen, die mit der Landwirtschaft und der Natur in Verbindung stehen. Mit einer Vielzahl phantasievoller Vergleiche, aber auch mit knappen, prägnanten Sätzen werden Faulheit, Streitsucht und Vergeudung getadelt und harte Arbeit sowie weise Voraussicht gelobt.

„Sieh dir die Ameise an, du Faulpelz! Nimm dir ein Beispiel an ihr, damit du gescheit wirst! Sie hat keinen Aufseher und keinen Antreiber. Und doch sorgt sie im Sommer für ihre Nahrung und sammelt zur Erntezeit ihre Vorräte."

„Am Feld eines Faulpelzes ging ich vorüber, am Weinberg des Mannes ohne Verstand. Dort wuchsen an Stelle von Reben nur Dornen und Disteln, wild wucherndes Unkraut bedeckte das Land, die Mauer ringsum war schon völlig zerfallen. Ich sah es und zog meine Lehre daraus: ‚Etwas schlummern und schlafen, die Arme verschränken, und schnell kommen Armut und Not dir ins Haus.' "

„Faule Hände machen einen Mann arm, doch fleißige Hände bringen Wohlstand."

„Der, der sein Land bebaut, wird Nahrung im Überfluß haben, doch der, der Luftschlössern nachjagt, hat kein Urteilsvermögen."

„Bei Westwind gibt's Regen und bei Klatsch gibt's Ärger."

„...wie das Schleudern von Milch Butter erzeugt, und das Drehen an der Nase Blut, so bringt die Erregung von Ärger Streit."

„Im Haus des Klugen sind wertvolle Schätze und duftendes Öl, aber ein Dummkopf vergeudet alles."

„Achte auf den Zustand deiner Herden, kümmere dich um deine Schafe und Ziegen. Geldbesitz ist nicht von Dauer; nicht einmal eine Krone geht endlos von einer Generation auf die andere über. Mähe deine Wiesen, und während das Gras nachwächst, hole das Heu von den Bergen! Die Schafe geben dir Wolle zur Kleidung. Mit dem Erlös für die Ziegenböckchen kannst du ein neues Feld kaufen, und von den Ziegen bekommst du Milch im Überfluß. So kannst du dich und deine Familie ernähren und auch deine Mägde am Leben erhalten."

---

eine Bedrohung für die Ernte dar wie feindliche Stämme, die bei ihren Überfällen die Felder verwüsteten. Auch das Vieh war in ständiger Gefahr und mußte vor wilden Tieren wie Löwen, Bären, Leoparden, Wölfen, Schakalen und Hyänen geschützt werden. Skorpione und giftige Schlangen trugen ebenfalls zur Dezimierung der Viehbestände bei.

SCHMALE KOST

Eine erfolgreiche Viehzucht und eine ertragreiche Landwirtschaft bildeten wesentliche Voraussetzungen für einen Speisezettel, der abwechslungsreich, jedoch nicht von Überfluß geprägt war. Fleisch verzehrte man nur bei besonderen Gelegenheiten, wie beispielsweise einem religiösen Opfer. Während Ziegen- und Lammfleisch auch für das einfache Volk erschwinglich waren, blieb das Fleisch von Kälbern und Rindern, die in sogenannten Masthäusern gehalten wurden, in der Regel ein Luxusessen der Wohlhabenden.

Hin und wieder bereicherte auch Fisch die Speisekarte. Die Tiere, die entweder frisch genossen oder in gepökelter Form verzehrt wurden, fing man

oder bezog sie aus dem auch Galiläisches Meer genannten See Gennesaret.

Bei keiner Mahlzeit durfte Brot, das wichtigste Nahrungsmittel der Israeliten, fehlen. In fast jedem Haushalt wurden täglich grobe Gerstenbrote gebacken. Dafür siebte man das Getreide in breitrandigen Körben, worauf die mühselige Arbeit des Mehlmahlens folgte. Dem Mehl wurden Salz und Wasser hinzugefügt und das Ganze zu einem Teig verarbeitet. Diesen säuerte man, indem man ihn mit altem Sauerteig mischte. Gebacken wurde er in Öfen, die aus einem großen, umgestülpten Tonkrug mit einer Öffnung für die Belüftung bestanden und teilweise in den Boden eingelassen waren. Die Frauen entfachten im Innern ein Feuer, und sobald dieses ausging, klatschten sie durch die Belüf-

Die Ernte war eine Gemeinschaftsarbeit, an der sich Männer, Frauen und Kinder beteiligten. Esel trugen die landwirtschaftlichen Produkte zu den Höfen, wo sie gelagert wurden.

„MEHR WEIN ALS WASSER"

Wie die meisten Völker des Nahen Ostens in biblischer Zeit wußten auch die Israeliten einen guten Tropfen zu schätzen. In Kanaan war Wein das weitaus beliebteste Getränk, und nicht umsonst heißt es in dem vielzitierten Bericht des Ägypters Sinuhe, daß es in diesem Land mehr Wein als Wasser gebe.

Die große Bedeutung des Weines zeigt sich auch in der Heiligen Schrift – etwa 200mal erwähnt die Bibel den begehrten Rebensaft. Er wurde zum alltäglichen Essen, bei Festen aller Art und zu zahlreichen rituellen Anlässen getrunken. „Wein macht das Herz des Menschen froh", heißt es in der Bibel, und das Buch der Sprichwörter empfiehlt ihn „denen, die schweren Herzens sind".

Wein wurde in vielerlei Variationen getrunken; besonders große Wertschätzung genossen beispielsweise süße und mit den unterschiedlichsten Zutaten gewürzte Weine. Aber auch Wein, der säuerlich schmeckte und schon fast zu Essig geworden war, ließen die Israeliten nicht verkommen. Sie tunkten Brot in die Flüssigkeit, deren teilweise zweifelhafter Geruch nur selten abschreckend wirkte.

Menschliche Weinpresse: Auf dieser aus einem Grab in Theben stammenden ägyptischen Wandmalerei werden Arbeiter gezeigt, die mit ihren Füßen Trauben entsaften.

Diese Bronzegefäße, darunter ein schlanker Weinkrug, entstanden vermutlich um das Jahr 1200 v. Chr.

Fast nie trank man den Wein unverdünnt – bei der großen Hitze, die häufig herrschte, empfahl es sich, die schweren Sorten mit Wasser zu mischen. Im Alten Testament gibt es anschauliche Beschreibungen für den Alkoholismus: „Weh denen, die früh am Morgen aufstehen, um starkes Getränk … bis zum Abend zu trinken." Besonders berauschende Wirkung entfaltete ein Trunk aus Weinsatz, Honig und Datteln.

Ein wichtiges Zentrum der Weinerzeugung war das in der Nähe von Jerusalem gelegene Gibeon. Dort lagerten in zahllosen Kellern Fässer, in denen der Wein bei einer gleichbleibenden Temperatur von 18°C reifen konnte. Als besonderes Qualitätsmerkmal trugen die hochgeschätzten Weine von Gibeon ab dem 7. Jh. v. Chr. die Ursprungsbezeichnung und den Namen des Weinbergbesitzers.

Neben den qualitativ hochwertigen Weinen, die man wie heute teilweise viele Jahre lang lagerte, gab es auch einen süffigen Tropfen für den Alltag, der meist sehr jung getrunken wurde. Nach der von der heißen Sonne beschleunigten Gärung füllte man den Rebensaft bereits nach rund 40 Tagen in große irdene Krüge, die mit Pech versiegelt wurden, oder in kleine Beutel aus Ziegenhaut.

Neben Wein schätzten die Israeliten und andere Völker des biblischen Zeitalters Bier, das allerdings wegen des fehlenden Hopfens nicht schäumte. Erstaunliche Mengen von Bier verbrauchten vor allem die Bewohner Mesopotamiens. Ein Großteil der Getreideproduktion wanderte in die Fässer der Bierbrauer. Einen guten Ruf hatte auch das ägyptische Bier, das für seinen hohen Alkoholgehalt bekannt war.

Diese phönizische Bildhauerarbeit aus dem 8. Jh. v. Chr. zeigt eine Kuh, die ihr Junges säugt. Kalbfleisch war sehr teuer und wurde selbst von Wohlhabenden nur zu besonderen Anlässen verzehrt.

ander, Kümmel, Dill und Sesam versehen wurden. Die ungeheuren Salzvorräte, die das Tote Meer barg, sorgten dafür, daß kein Gericht fad schmeckte. Salz verwendeten die Israeliten nicht nur zum Würzen, sondern benutzten es auch zum Konservieren von zahlreichen Nahrungsmitteln.

Obwohl Zucker im Heiligen Land noch unbekannt war, mußten die Israeliten nicht darauf verzichten, ihre Speisen zu süßen. Neben Honig verwendeten sie dafür vor allem den breiigen Dattelextrakt, ein äußerst schmackhaftes Produkt der üppigen Dattelpalme, die nur in heißen Flußtälern gedieh.

Frisches Wasser war im Land der Bibel ein kostbares Gut und ein hochgeschätzter Durstlöscher. Oft verdünnte man es mit Wein, dem bedeutendsten landwirtschaftlichen Erzeugnis in biblischer Zeit. Darüber hinaus tranken die Menschen die Milch von Ziegen, Schafen und Kamelen, die sie entweder frisch oder als Sauermilch genossen. Im Sommer erquickte man sich gern mit dem köstlichen Saft, der aus Granatäpfeln gewonnen wurde. Großer Beliebtheit erfreute sich auch eine Art Bier, das die meisten Israeliten in großen Mengen konsumierten.

tungsöffnung die Teigfladen an die glühendheißen Innenwände.

Brot gehörte zusammen mit Wein auch zu den Eckpfeilern der Soldatenverpflegung. Das Buch des Samuel listet eine Reihe von Lebensmitteln auf, welche die Krieger auf ihren Feldzügen mit sich führten: „200 Brotfladen, zwei Schläuche voll Wein, fünf geschlachtete Schafe, einen Sack geröstete Körner, 100 Portionen gepreßte Rosinen, 200 Portionen Feigenmark".

Neben Brot aß man auch eine Vielzahl von Obst- und Gemüsesorten, wobei deutliche Unterschiede zur heutigen Zeit festzustellen sind. Beispielsweise hatten Orangen und andere Zitrusfrüchte, die zu den wichtigsten Säulen der modernen Wirtschaft Israels zählen, den Nahen Osten ebensowenig erreicht wie Tomaten, Kartoffeln und Mais. Statt dessen bauten die Bauern u.a. Bohnen, Zwiebeln und Linsen an.

Besonders beliebt waren nahrhafte Gemüseeintöpfe, die mit Kräutern, Knoblauch und anderen Gewürzen wie Kori-

Bei den einfachen Israeliten stand Fleisch nur selten auf dem Speisezettel. Daß vegetarische Kost jedoch durchaus geschätzt wurde, zeigt das Buch der Sprichwörter, in dem es heißt: „Besser ein Gemüsegericht mit Liebe zubereitet, als ein gemästetes Kalb mit Haß."

STADTLEBEN

Ein reges Leben herrschte in den von Mauern umschlossenen Städten des Heiligen Landes.

In den engen, von einfachen Häusern gesäumten Gassen drängten sich Einheimische,

während fremde Händler am Stadttor ihre vielfältigen Waren feilboten.

Das Heilige Land mit seinen engen Tälern war von jeher ein Durchgangsgebiet für Eroberer, und die Bevölkerung lebte in ständiger Furcht vor Kriegen und Invasionen. Die in diesem Gebiet gegründeten Städte standen daher überwiegend im Zeichen der Verteidigung. Schon die neben dem anatolischen Çatal Hüyük älteste bis heute bekannte stadtartige Siedlung, das im 8. oder 7. Jt. v. Chr. gegründete Jericho, wurde von beeindruckenden Verteidigungsanlagen geschützt. Noch heute sind Überreste der über 3 m dicken Stadtmauer erhalten, die einst den von rund 3000 Menschen bewohnten Ort umschloß.

Im Lauf der Jahrtausende erging es Jericho wie den meisten befestigten Siedlungen, die in umkämpften Gebieten lagen. Bei allem Mut und Geschick der Verteidiger war der Kampf gegen Invasoren am Ende oft vergeblich. Ungeachtet der Höhe oder Dicke der Befestigungen fanden die Angreifer schließlich doch einen Weg, um in die Stadt zu gelangen oder deren Bevölke-rung durch lange und zermürbende Belagerungen zur Aufgabe zu zwingen. Natürlich ließen sich die Bedrohten immer wieder Verbesserungen einfallen, um es den Gegnern so schwer wie möglich zu machen. Beispielsweise legte man die Stadtmauern, die immer wieder mit Erdaushub aufgeschüttet wurden, wie steile Böschungen an, auf denen feindliche Streitwagen leicht abrutschten. Doch jeder Fortschritt bei der Verteidigung regte die Phantasie der Angreifer an, die ständig nach neuen Möglichkeiten suchten, die massiven Wehranlagen zu überwinden.

Viele der befestigten Städte, die Jahrtausende nach der Gründung Jerichos von den Israeliten angelegt wurden, befanden sich an Berghängen. Hinter den aus Steinen und Schlammziegeln errichteten Mauern der meist recht kleinen Orte herrschte wegen der dichten Bebauung drängende Enge. Zentrum des städtischen Lebens war das Stadttor, wo die Ältesten – die Oberhäupter der bedeutendsten Sippen – auf Bänken saßen und die Angelegenheiten der Gemeinde regelten. Auch die Rechtsprechung lag in den erfahrenen Händen dieser ehrwürdigen Patriarchen.

Am Stadttor wurde auch der Markt abgehalten, der neben der einheimischen Bevölkerung viele Menschen aus der Umgebung der Stadt anlockte.

Die unglücklichen Einwohner einer unterworfenen Stadt werden von assyrischen Eroberern aus ihrer Heimat verschleppt. Mit einigen Habseligkeiten auf dem Rücken treten sie den Weg ins Exil an.

Ein Relief aus dem königlichen Palast von Ninive zeigt den Angriff assyrischer Soldaten, die unter der Führung ihres Königs Sanherib im Jahr 701 v. Chr. die judäische Stadt Lachisch eroberten.

Bauern boten eine breite Palette von Früchten und Gemüsesorten an, und es gab auch Stände, deren Besitzer Waren aus fremden Ländern anboten: Schmuck aus Ägypten, arabische Parfüms, Möbel aus Phönizien und viele andere Kostbarkeiten konnten von wohlhabenden Kunden erstanden werden. Ein nie abschwellendes Stimmengewirr erfüllte die Luft: Die Rufe der Straßenhändler, die sich gegenseitig an Lautstärke und Originalität zu übertreffen suchten, die klagenden und fordernden Stimmen

der zahlreichen Bettler, die Schreiber, die auf der Suche nach Aufträgen waren und ihre Fähigkeiten anpriesen, die Tagelöhner, die Ausschau nach einem Arbeitgeber hielten, und schließlich die Kläger, die vor den Ältesten mit Nachdruck ihren Standpunkt vertraten – dies alles sorgte für einen ohrenbetäubenden Lärm, der es bisweilen schwer machte, sein eigenes Wort zu verstehen.

Besonders turbulent ging es an Tagen zu, an denen Karawanen eintrafen. Mit ihnen gelangten

Vertragsabschluß in biblischer Zeit: Um den Verkauf eines Grundstückes zu bekräftigen, übergibt der Verkäufer dem neuen Besitzer seine Sandale.

Um das 6. Jh. v. Chr. entstanden diese schlichten Henkelkrüge, die von israelitischen Töpfern geschaffen wurden.

immer zahlreiche Neuigkeiten in die Stadt. Gerüchte über politische Entwicklungen machten rasch die Runde und wurden von den Kaufleuten, die sich um die Sicherheit der Handelsrouten Sorgen machten, ausgiebig diskutiert.

IM HAUS UND AUF DEM DACH

Da die Fläche der Städte wegen der sie umschließenden Mauern sehr begrenzt war, spielte sich das Leben auf engstem Raum ab. Auf den schmalen Pfaden zwischen den dicht aneinanderstehenden Häusern drängten sich die Menschen, und wenn ein schwerbeladener Lastesel gemächlich durch die Gassen trottete, kam man nur mit Mühe an dem Tier vorbei.

Auch in den Häusern, die mehrere Generationen beherbergten, war Platz ein kostbares Gut. Neben den Familienmitgliedern lebten in den beengten Räumlichkeiten oft auch noch ein oder zwei Sklaven. Meist hielten sich die Menschen jedoch im Freien auf, und in Sommernächten schliefen sie auf den Flachdächern ihrer Häuser.

In den Wohnungen der Israeliten war es meist recht dunkel, denn die Häuser hatten nur sehr kleine Fenster, durch die kaum ein Lichtstrahl in die Räume gelangte. So blieb es auch an heißen Sommertagen angenehm kühl. Spärlich erhellt wurden die Zimmer durch trübe flackernde Lämp-

chen, die man mit Olivenöl füllte.

Die Einrichtung der Häuser war sehr schlicht. Die meisten Menschen verbrachten die Nacht auf einer Strohmatte oder einem Teppich, eingewickelt in den Umhang, den sie tagsüber trugen. Ein Bett zählte zu den besonderen Annehmlichkeiten, die man nur für äußerst geschätzte Gäste bereithielt. Dies galt auch für Tische oder Schemel, denn die Mahlzeiten wurden in der Regel auf dem Boden hockend eingenommen. Da Metall einen hohen Preis hatte, verwendete man Tongeschirr.

Gekocht wurde auf Feuerstellen, die meist nichts anderes waren als ein in den Boden gegrabenes Loch. Da es keine Schornsteine gab, durch die der Rauch abziehen konnte, war die Luft beim Zubereiten der Mahlzeiten außerordentlich stickig. Daher verzehrte man die Speisen gern auf den Flachdächern, die so eng aneinanderlagen, daß man ohne Probleme auf das Dach des Nachbarn steigen konnte, um mit ihm ein Schwätzchen zu halten. Die Flachdächer wurden auch als Arbeitsplatz genutzt, wo besonders die Frauen ihren Tätigkeiten nachgingen. Die Kinder spielten zwischen den Beinen ihrer Mütter, und hin und wieder geschahen auch Unfälle, so daß viele Menschen ihre Dächer umzäunten, um Stürze zu verhindern.

So angenehm es in den Häusern bei Hitze war, so ungemütlich konnte es bei kühlem, feuchtem Winterwetter sein. Gab es länger anhaltende Regenfälle, tropfte es nicht selten durch die Dächer. Im Buch der Sprichwörter heißt es: „Wie ein Loch im Dach, durch das es bei Regen ständig tropft, so ist eine keifende Frau." Dieses Bibelwort verdeutlicht einerseits die geringe Meinung, die Männer von Frauen hatten, die sie allzu nachdrücklich auf ihre Versäumnisse aufmerksam machten. An-

dererseits läßt es aber auch Rück-
schlüsse auf die Qualität der Haus-
dächer zu.

NICHTS FÜR FEINE NASEN

Wer sich einen Weg durch die engen
Gassen der israelitischen Städte bahn-
te, mußte ständig damit rechnen, in
Abfall oder Exkremente zu treten. Besonders an heißen Tagen lag daher
ein fast unerträglicher Gestank in
der Luft, der nicht nur Menschen mit
empfindlichen Nasen den Atem zu
nehmen drohte. Eine organisierte
Straßenreinigung existierte nicht, so
daß es Hunden, Schakalen und Vögeln überlassen blieb, sich an den Ab-
fällen, die auf die Wege geworfen wurden, gütlich
zu tun.

In den aus Schlammziegeln und Steinen er-
bauten Häusern gab es keine Toiletten, so daß
die Israeliten gezwungen waren, ihre Notdurft im

**Tonlampen, die mit Olivenöl
oder Tierfett gefüllt waren
und einen Docht aus Flachs
hatten, spendeten in der
Nacht spärliches Licht.**

Freien zu verrichten. Nach Möglichkeit taten sie dies auf den Feldern im
näheren Umkreis der Städte, doch
dürfte in den Gassen innerhalb der
Mauern nicht nur tierischer Kot zum
Himmel gestunken haben.

NOT MACHT ERFINDERISCH

Eines der größten Probleme in den
befestigten Siedlungen Kanaans stellte die Wasserversorgung dar. Schon
bevor die Israeliten die Herrschaft
in allen Teilen des Heiligen Landes
übernommen hatten, erkannten Eroberer den ständig drohenden Was-
sernotstand in den Städten als Achil-
lesferse der Stadtbewohner. Ohne
das lebenswichtige Naß konnten sie einer Belagerung nicht lange standhalten und hatten nur die
Wahl zwischen der Kapitulation oder einem elenden
Tod. So zwang beispielsweise eine ägyptische Armee, die 1486 v. Chr. das etwa 30 km vom heutigen

---

ZEITZEUGNIS

UNERWARTETE HILFE

Die Straßen Jerichos sind der
Schauplatz für eine biblische Episode, welche die Hilfsbereitschaft
einer Prostituierten zeigt. Sie gewährte zwei israelitischen Kund-
schaftern Schutz, die Josua, der
Nachfolger des Mose, nach Jericho
geschickt hatte, um das Terrain zu
sondieren.

„Von Schittim aus schickte Josua heimlich zwei Männer auf die
andere Seite des Jordan und befahl
ihnen: ‚Erkundet das Land dort
drüben und besonders die Stadt Jericho!' Die Kundschafter kamen in
die Stadt und kehrten im Haus einer Prostituierten namens Rahab
ein, um dort zu übernachten. Noch
am selben Abend wurde dem Kö-

nig von Jericho gemeldet, daß israelitische Kundschafter in die Stadt
gekommen waren. Sofort schickte
er Wachleute zu Rahab und befahl
ihr: ‚Gib die beiden Männer heraus, die bei dir eingekehrt sind! Sie
sind nur gekommen, um unser
Land auszuspionieren.' Rahab ver-
steckte die beiden auf dem flachen
Dach ihres Hauses unter einem
Haufen von Flachs und sagte zu
den Wächtern: ‚Ja, es waren zwei
Männer bei mir. Aber ich wußte
nicht, woher sie kamen. Beim Ein-
bruch der Dunkelheit, bevor das
Tor geschlossen wurde, haben sie
die Stadt wieder verlassen. Ich
weiß nicht, in welche Richtung sie
gegangen sind. Aber wenn ihr

schnell hinterherlauft, könnt ihr sie
noch einholen.' Die Wächter nahmen sofort die Verfolgung auf und
liefen bis an den Jordanübergang.
Das Stadttor wurde wieder hinter
ihnen geschlossen" (Josua 2, 1–7).

„Noch bevor sich die beiden
Kundschafter zum Schlafen zu-
rechtgelegt hatten, kam Rahab
zu ihnen aufs Dach und sagte:
‚Ich weiß, daß der Herr euch dieses Land gegeben hat. Alle seine
Bewohner zittern vor euch, sie
sind vor Angst wie gelähmt … Ich
bitte euch, schwört mir bei ihm
(dem Herrn), daß ihr an meiner
Familie genauso handelt, wie ich
an euch gehandelt habe …'" (Josua 2, 8–9, 12).

Ein Großteil des Familienlebens im Heiligen Land spielte sich auf den Flachdächern der eng aneinandergebauten Wohnungen ab.

UR – DIE STADT ABRAHAMS

Abraham, der Bibel zufolge einer der Erzväter und Stammvater der Israeliten, lebte mit seiner Familie vermutlich in Ur, bevor er seine lange Wanderung begann, die ihn über Haran nach Kanaan führte. Anfang des 2. Jt. v. Chr. war das in Mesopotamien gelegene Ur das blühende Zentrum des Reiches der Sumerer. Die Stadt, die schon damals auf eine mehr als 1500 Jahre alte Geschichte zurückblickte, lag am Euphrat und unterhielt hervorragende Handelsbeziehungen mit zahlreichen Ländern.

Umgeben von mächtigen Mauern, ragte eine ungefähr 20 m hohe Zikkurat empor. Dieser berühmte, dem Mondgott Nanna–Sîn geweihte Stufentempel ist noch heute teilweise erhalten und steht inmitten des Ruinengebietes von Ur. Im Lauf der Jahrhunderte entfernte sich der Euphrat von der altorientalischen Handelsmetropole, und heute liegen zwischen deren Überresten und dem Ufer des Flusses etwa 15 km.

Einen großen Beitrag zur Erforschung der Ruinenstätte leistete der britische Archäologe Sir Leonard Woolley, der bei seinen von 1922 bis 1934 dauernden Ausgrabungen u. a. eine Königsnekropole entdeckte. Freigelegt wurden auch zahlreiche schlichte Gräber. Eine bis zu 4 m hohe Schlammschicht, auf die Woolley stieß, gilt als Hinweis auf ein großes Hochwasser.

Haifa entfernt gelegene Megiddo belagerte, die völlig ausgehungerte und dem Verdursten nahe Stadtbevölkerung nach sieben Monaten zur Aufgabe.

Aufgrund der begrenzten Wasservorräte in den Zisternen der Städte sannen die Menschen über Möglichkeiten nach, die Versorgungslage zu verbessern. So entstanden einige der großartigsten Schöpfungen der Bautechnik vorchristlicher Zeiten – geheime Tunnel, die tief in das Gestein gegraben wurden und bis hinter die Stadtwälle zur nächstgelegenen Frischwasserquelle reichten.

Neben den einzigartigen Tunnelanlagen von Jerusalem zählten die der bedeutenden Festungsstädte Megiddo und Hazor zu den bemerkenswertesten Bauten. Der erste Schacht des Jerusalemer Tunnelsystems wurde zur Zeit der Kanaaniter durch das Gestein unter der Stadtmauer zur Gihonquelle (dem heutigen Jungfrauenbrunnen) gegraben, und es ist möglich, daß König Davids Krieger um das Jahr 1000 v. Chr. auf die-

Das wichtigste Lasttier in biblischer Zeit war der Esel. Schwerbeladen mit Feldfrüchten trottete er zu den städtischen Märkten, wo die Bauern landwirtschaftliche Produkte feilboten.

sem Weg in die Stadt eindringen konnten. Drei Jahrhunderte später, als die Assyrer Juda bedrohten, wurde unter König Hiskija ein verbessertes System für die ständige Wasserversorgung Jerusalems entwickelt. Dieses umfaßte auch einen geräumigen, rund 530 m langen Tunnel, der eine unterirdische Zisterne speiste.

Die Bergarbeitermannschaften, die beim Bau der unterirdischen Anlage eingesetzt wurden, gruben von beiden Seiten, bis die Mitglieder der jeweiligen Trupps am Geräusch der Spitzhacken erkennen konnten, wo sich die andere Gruppe befand. Daraufhin wurden die notwendigen Korrekturen für den Durchbruch vorgenommen.

Daß die Wasserversorgung nicht nur für die Bewohner einer belagerten Stadt, sondern auch für die Angreifer lebensnotwendig war, zeigt eine Schilderung der Bibel, die den bereits erwähnten König Hiskija in den Mittelpunkt stellt. Als der assyrische Herrscher Sanherib (704–681 v. Chr.) während seiner Invasion Judas im Jahr 701 v. Chr. auch Jerusalem angriff, soll Hiskija den Befehl gegeben haben, die Wasserquellen außerhalb der Stadt zuzuschütten, so daß die feindlichen Soldaten ihren Durst nicht stillen konnten. „Hiskija erkannte, daß Sanherib es vor allem auf Jerusalem abgesehen hatte. Er beriet sich deshalb mit seinen Ministern und Offizieren, ob man nicht die Wasserquellen außerhalb der Stadt unzugänglich machen sollte, und sie

Mit einem rund 530 m langen, aus Jerusalem hinausführenden Tunnel, den der judäische König Hiskija (725 – 697 v. Chr.) ins Felsgestein graben ließ, sicherte er die Wasserversorgung der Stadt.

DAS LEBEN AM STADTTOR

An den Toren der befestigten Siedlungen im Heiligen Land herrschte ein unablässiges Kommen und Gehen: Die von Pferden oder Ochsen gezogenen Wagen der Wohlhabenden, einfache Bauern mit ihren Lasteseln, Stadtbewohner, die an den Ständen der zahlreichen Händler die unterschiedlichsten Waren erstehen konnten, und die Sippenoberhäupter, die über Geschäfte diskutierten oder Rechtsstreitigkeiten zu schlichten suchten, teilten sich den knapp bemessenen Platz. Jeden Morgen verließen die meisten Stadtbewohner in aller Frühe ihre Häuser und eilten durch die von mächtigen Mauern gesäumten Tore aufs Land, um ihre Felder zu bearbeiten.

stimmten diesem Vorschlag zu. Sie sagten sich: ‚Wenn die assyrischen Könige kommen, um uns zu belagern, sollen sie kein Wasser finden!' Man holte viele Leute zusammen, und diese schütteten alle Quellen zu, ebenso auch den Zugang zu dem unterirdischen Kanal, durch den das Wasser in die Stadt geleitet wird" (2. Chronik 32, 2–5).

Von großer Bedeutung war die Wasserversorgung auch für die Bewohner der am westlichen Rand der Jesreelebene gelegenen Stadt Megiddo, die im Lauf ihrer Geschichte immer wieder von den Feldherren bedeutender Reiche angegriffen wurde. Nach jeder Zerstörung entstand auf den Überresten der vorhergehenden Siedlung eine neue Stadt – Archäologen legten insgesamt 20 Schichten frei, deren Datierung vom 4. Jt. v. Chr. bis zum 4. Jh. n. Chr.

reicht. Angesichts der ständigen Bedrohung hatten die Bewohner einen 35 m tiefen Schacht gegraben, von dem ein 63 m langer Tunnel zu einer außerhalb der Stadt gelegenen Quelle führte.

Ein eindrucksvolles Wasserversorgungssystem besaß auch Hazor, wo Wissenschaftler bei Ausgrabungen auf die Spuren von 21 Städten stießen, die im Lauf einer mehr als 2000jährigen Geschichte auf den Fundamenten der Vorgängersiedlungen entstanden. Hazor, das im Jahr 733 v. Chr. durch die Assyrer zerstört wurde und seitdem nur noch ein Schattendasein fristete, war im 13. Jh. v. Chr. die bedeutendste Stadt Kanaans. Annähernd 40 000 Menschen lebten in der für damalige Verhältnisse riesigen, in eine Ober- und eine Unterstadt geteilten Siedlung. In der früheren Oberstadt hatte man

JERICHO – WAHRHEIT UND LEGENDE

Einer der bekanntesten Berichte der Bibel beschreibt die Belagerung der Stadt Jericho durch die von Josua geführten Israeliten. Angeführt von sieben Priestern, die in Signalhörner stießen, marschierten die Soldaten sechs Tage lang um die Stadtmauern. Am siebten Tag umrundeten die Israeliten Jericho siebenmal und brachten dann durch ihr „lautes Kriegsgeschrei" die Mauern zum Einsturz.

Zahlreiche Archäologen haben sich bis heute mit der Frage beschäftigt, inwieweit dieser biblische Bericht über einen entscheidenden Moment der Eroberung Kanaans von den Ergebnissen ihrer Ausgrabungen bestätigt wird. Ihre Forschungen konzentrierten sich auf die wichtigste Ausgrabungsstätte Jerichos, den Tell es-Sultan. Dieser große Schutthügel

Wie in Jericho wurden auch in der am Rand der Negev-Wüste gelegenen alten kanaanitischen Kultstätte Beerscheba mehrere Siedlungsschichten aus verschiedenen Jahrtausenden freigelegt.

birgt die Überreste zahlreicher Städte, die im Lauf der Jahrtausende auf den Fundamenten früherer Siedlungen errichtet wurden.

Einer der eifrigsten Verfechter der These, daß der biblische Bericht von der Eroberung Jerichos weitgehend den historischen Tatsachen entspricht, war der in der ersten Hälfte des 20. Jh. sehr angesehene britische Archäologe und Bibelforscher William Foxwell Al-

bright. Seiner Auffassung zufolge hatten die Israeliten im 13. Jh. v. Chr. Jericho gewaltsam eingenommen. In den 50er Jahren kam die britische Archäologin Kathleen Kenyon aufgrund ihrer umfangreichen Ausgrabungen zu anderen Ergebnissen. Sie glaubte, daß die Mauern von Jericho während der Bronzezeit infolge von Erosionsschäden oder wegen sehr schwerer Erdbeben insgesamt 17mal erneuert werden mußten. Sie wies nach, daß Jericho nach dem Ende der Hyksoszeit annähernd 150 Jahre lang unbesiedelt blieb, bevor sich um das Jahr 1400 v. Chr. wieder Menschen niederließen. Keine 100 Jahre später jedoch gaben sie die Siedlung wieder auf, und im 13. Jh. v. Chr. – der Zeit, in der Albright zufolge Jericho erobert wurde – war die Stadt wahrscheinlich unbewohnt.

Bedienstete tragen Tische und eine Schale voller Früchte für den König herein (assyrisches Relief aus dem 8. Jh. v. Chr.). Rechts: Bei Ausgrabungen wurden in Lachisch, einer altorientalischen Siedlung unweit der heutigen israelischen Stadt Hebron, kleine Tonfiguren gefunden. Einige von ihnen zeigen, wie die Möbelstücke der Israeliten zwischen dem 10. und 8. Jh. v. Chr. ausgesehen haben.

einen tiefen Schacht und einen Tunnel in den Fels gegraben, um bis auf die Höhe des Grundwasserspiegels zu gelangen.

NINIVE UND BABYLON

Die meisten Städte im Vorderen Orient waren in biblischer Zeit – gemessen an heutigen Maßstäben – nur recht kleine Siedlungen, die meist nicht über die Größe eines Dorfes hinauskamen. Selbst das Jerusalem König Davids nahm zu Beginn des 1. Jt. v. Chr. nur eine Fläche von 5 oder 6 ha ein, und etwa drei Jahrhunderte später – unter der Herrschaft von König Hiskija – umfaßte die Stadt rund 65 ha. Keine andere israelitische Stadt war nur annähernd so groß wie die Reichshauptstadt, doch

konnte sich auch Jerusalem nicht mit den mächtigen Zentren der vorderorientalischen Großreiche messen.

Zu diesen bedeutenden Metropolen zählte um das Jahr 700 v. Chr. Ninive, das unter dem assyrischen König Sanherib großzügig ausgebaut wurde. Der Herrscher ließ die Plätze der Stadt vergrößern, die Straßen begradigen und verbreitern und zahlreiche alte Gebäude abreißen, um Ninive ein moderneres Gesicht zu verleihen. Er wies den Bewohnern Grünflächen zu, auf denen sie Obst anbauen konnten, und richtete einen Park ein, in dem eine Vielzahl von Bäumen und Pflanzen blühte.

PARADIESISCHE ZUSTÄNDE

Die Städte Ägyptens mit ihren Gärten, Obstplantagen und den sie umgebenden Feldern zählten zu den schönsten im gesamten Orient. Hier berichtet ein Schreiber über das Leben in Ramsesstadt, wo die Israeliten der Bibel zufolge als Sklaven arbeiten mußten:

„Die Stadt bietet ein angenehmes Leben … sie ist täglich voller Vorräte und Nahrung, ihre Teiche sind mit Fischen gefüllt und ihre Seen mit Vögeln bevölkert. Ihre Weiden sind voll von saftigem Gras, ihre Ufer tragen Datteln, ihre Melonen wachsen im Überfluß … ihre Kornkammern voller Gerste und Emmer reichen fast bis zum Himmel. Zwiebeln und Lauch gibt es zur Speise und Kopfsalat aus dem Garten; Granatäpfel, Äpfel und Oliven, Feigen aus dem Obstgarten, süßen Wein und Honig im Überfluß … Ihre Schiffe laufen aus … und legen an, so daß täglich Vorräte und Nahrungsmittel vorhanden sind. Man ist glücklich, hier zu leben, und keiner sagt: ‚Wäre nur…‘ – Die Kleinen sind in ihr wie die Großen.“

Die Wasserversorgung sicherte ein fast 50 km langes System von Kanälen und Aquädukten, die das Wasser von Flüssen und Bächen in die Modellstadt Sanheribs leiteten.

Auch in der Bibel finden sich einige Hinweise auf die Größe der einstigen Hauptstadt des Assyrerreiches. „Zum zweiten Mal sagte der Herr nun zu Jona: ‚Geh nach Ninive, der großen, weltbekannten Stadt, und rufe dort aus, was ich dir aufgetragen habe!‘ Diesmal gehorchte Jona dem Herrn und ging nach Ninive. Die Stadt war ungeheuer groß; man brauchte drei Tage, um von einem Ende zum anderen zu kommen“ (Jona 3, 1–3). Und ebenfalls im Buch Jona heißt es über Ninive, das von einer Mauer mit einem Umfang von 13 km umgeben war: „Und mir sollte nicht diese große Stadt Ninive leid tun, in der mehr als 120 000 Menschen leben, die rechts und links noch nicht unterscheiden können, und dazu noch das viele Vieh?“ (Jona, 4, 11)

Die Assyrer waren ein ausgesprochen kriegerisches Volk und wurden von den Nachbarvölkern gefürchtet. Diese empfanden den Untergang des Reiches und die Zerstörung Ninives durch die Babylonier im Jahr 612 v. Chr. als eine große Befreiung. In der Bibel wird im Buch des Propheten Nahum die Zerstörung Ninives als gerechte Strafe für die Unterdrückung fremder Völker beschrieben: „Weh der Stadt, die so viel Blut vergossen hat, die Meister ist in Lüge und Verstellung! Vollgestopft ist sie mit Raub und kann doch das Rauben nicht lassen. Ihr Untergang naht mit Peitschenknall und Rädergerassel, galoppierenden Pferden, rasenden Wagen und daherjagenden Reitern. Schwerter wie Flammen und blitzende Speere! Haufen von Gefallenen, man stolpert über die Leichen, sie sind nicht zu zählen! Es geht an Ninive, die Hure, die mit ihren Reizen und Zauberkünsten die Völker versklavt hat“ (Nahum 3, 1–4).

Nach der vernichtenden Niederlage der Assyrer gelangte das Babylonische Reich zu großer Blüte, das schon mehr als 1000 Jahre zuvor – im 18. Jh. unter dem berühmten König Hammurabi – ein mächtiges Imperium war. König Nebukadnezar II. ließ die Reichshauptstadt Babylon zu Beginn des 6. Jh. v. Chr. zu einer glanzvollen Metropole ausbauen, deren Schönheiten jeden Besucher in Staunen versetzten. Vom Ischtartor, durch das man die Stadt betrat, führte eine Prozessionsstraße zum prunkvollen Palast des Herrschers. Sie reichte bis in das Stadtinnere, wo in einem großen Tempel der babylonische Schutzgott Marduk verehrt wurde.

Mit einer Fläche von etwa 400 ha und annähernd 200 000 Einwohnern war Babylon zu Nebukadnezars Zeiten die größte Stadt der Erde. Eine Vielzahl von Handwerkern arbeitete an ihrer Verschönerung, und der Lärm der Bauarbeiten vermischte sich mit dem geräuschvollen Treiben in den großzügigen Straßen. Während in der Stadt das Leben pulsierte, bildeten die Häuser der Babylonier Horte der Ruhe, in denen die Menschen ihr hochgeschätztes Privatleben pflegten. Fast alle Häuser waren um einen kleinen Hof angelegt, der einen Zugang zu einem großen Gemeinschaftsraum hatte.

DAS LEBEN IN SIPPE UND FAMILIE

In den Großfamilien und Stammesgemeinschaften der Israeliten, die auch einige Sklaven umfaßten, war jeder auf jeden angewiesen, um die Schwierigkeiten des Alltags zu meistern. Das enge Zusammenleben führte immer wieder zu Konflikten, doch die Patriarchen, die als unbestrittene Sippenoberhäupter die Ordnung garantierten, versuchten die Streitigkeiten mit äußerster Strenge schon im Keim zu ersticken.

HERRSCHAFT DER PATRIARCHEN

Die Ältesten, deren Autorität unbegrenzt war, wachten über die israelitischen Sippen.

Jedes Mitglied dieser Gemeinschaften hatte klar bestimmte Rechte und Pflichten

und leistete seinen Beitrag für das allgemeine Wohlergehen.

Im 1. Buch Mose findet sich ein Geschlechtsregister, das von Sem, einem der drei Söhne Noahs, bis hin zu Terach und dessen Sohn Abraham reicht. Abraham und seine Nachkommen Isaak, Jakob und Josef sowie dessen Brüder gelten als die „Erzväter" des Volkes Israel. Diese auch als Patriarchen bezeichneten biblischen Gestalten sind die ersten Menschen der Bibel, die von der Geschichtswissenschaft in ein historisches und geographisches Umfeld eingeordnet werden. Umstritten ist jedoch die genaue Datierung der in der Bibel erwähnten Geschehnisse um die Patriarchen, und auch die Frage, ob es sich bei den Erzvätern um reale historische Persönlichkeiten oder um mythische Gestalten handelt, ist nicht eindeutig geklärt. Weit verbreitet ist die Ansicht, daß die Stammväter der Israeliten in der ersten Hälfte des 2. Jt. v. Chr. lebten, obgleich es auch Auffassungen gibt, nach denen Abraham und seine Nachkommen in die Epoche der Monarchie, also in die Zeit ab dem 10. Jh. v. Chr., einzuordnen sind.

Der Bibel zufolge stammte die Sippe von Abrahams Vater Terach aus der südmesopotamischen Stadt Ur. Von dort zog sie über 1000 km nach Nordwesten und ließ sich schließlich in Haran nieder.

DAS „BUCH DER BÜCHER"

Das Wort „Bibel" geht über verschlungene Umwege auf die griechische Bezeichnung für Bücher, *ta biblia*, zurück. Diese wiederum ist von der phönizischen Hafenstadt Byblos abgeleitet, aus der die Griechen in der Antike große Mengen Papyrus bezogen, das Material, aus dem Schriftrollen – die „Bücher" der damaligen Zeit – hergestellt wurden. Bald nannte man alle Schriftrollen nach dem nahe dem heutigen Beirut gelegenen Byblos.

Nach dem Tod seines Vaters erhielt Abraham, der laut der Bibel damals 75 Jahre alt war, den göttlichen Befehl, Haran zu verlassen: „‚Verlaß deine Heimat, deine Sippe und die Familie deines Vaters und zieh in ein Land, das ich dir zeigen werde! Ich will dir viele Nachkommen schenken und dich zum Vater eines mächtigen Volkes machen. So wirst du in aller Welt geachtet sein; an dir wird sichtbar werden, was es bedeutet, wenn ich jemand segne' … Abraham folgte dem Befehl des Herrn … Seine Frau Sara und Lot, der Sohn seines Bruders, begleiteten ihn. Mit ihrem ganzen Besitz, auch den Sklaven, die sie in Haran erworben hatten,

Bevor die Israeliten in Kanaan seßhaft wurden, lebten sie vermutlich als Halbnomaden, die mit ihren Sippen und ihrem Vieh von einem Weideplatz zum nächsten zogen.

Die Stadt Abrahams: Die Bibel berichtet, daß der Stammvater der Israeliten von der südmesopotamischen Stadt Ur (heute ein Ruinenhügel im südlichen Irak) aufbrach, um über Haran nach Kanaan zu gelangen.

zogen sie in das Land Kanaan, in dem damals noch die Kanaaniter wohnten. Sie durchquerten das Land bis zu dem heiligen Baum bei Sichem. Dort erschien Abraham der Herr und sagte zu ihm: ‚Dieses Land will ich deinen Nachkommen geben!'" (1. Mose 12, 1–7)

Während ihrer langen Wanderschaft ins Heilige Land lebte die Sippe Abrahams als Nomaden, und auch nach ihrer Ankunft in Kanaan hielten Abraham und seine Nachkommen an dieser Lebensweise fest. Der Bibel zufolge finden sich ihre Spuren u. a. in Sichem, Beerscheba, Hebron und Ägypten, von wo aus Mose die versklavten Israeliten zurück nach Kanaan führte. Zwischen den Wanderhirten, die ständig auf der Suche nach fruchtbaren Weideplätzen waren, und den kanaanitischen Stadtbewohnern kam es vermutlich häufig zu Streitigkeiten. Ein Hinweis auf die Konflikte zwischen der umherziehenden und der seßhaften Bevölkerung Kanaans ist der Bericht über die Vergewaltigung von Jakobs Tochter Dina durch Sichem und die blutige Rache, die Dinas Brüder nahmen. Sie töteten Sichem und dessen Vater Hamor, welcher der einflußreichste Mann in einer Stadt war, die ebenfalls Sichem hieß. Alle männlichen Einwohner Sichems wurden von ihnen ermordet, während sie die Frauen verschleppten.

Streitigkeiten, die nicht selten tödlich endeten, gab es jedoch nicht nur zwischen Städtern und Wanderhirten – auch innerhalb der israelitischen Sippen waren Konflikte an der Tagesordnung. Immer wieder erzählt die Bibel von Auseinandersetzungen zwischen Familienmitgliedern, wobei die Geschichte von Josef und seinen Brüdern eine der bekanntesten ist. Josef war der Lieblingssohn Jakobs und wurde daher von seinen Brüdern gehaßt. Sie faßten den Plan, ihn zu töten, und nur die Fürsprache von einem seiner Brüder rettete Josef das Leben. Statt ihn zu ermorden, verkauften ihn seine Brüder als Sklaven an ismaelitische Nomaden, die mit einer Karawane nach Ägypten zogen.

„SEID FRUCHTBAR UND MEHRET EUCH"

Ebenso wie die Patriarchen setzten auch die von Mose nach Kanaan geführten Israeliten zunächst ihr nomadisches Leben fort, bevor spätere Generationen allmählich seßhaft wurden. In der Wüste hätte ein einzelner nie überleben können, und nur der Zusammenhalt der wandernden Hirten schützte die Gemeinschaft vor dem Untergang. Mehrere Familien waren zu Klans zusammengeschlossen, die sich nach einem oft mythischen Vorfahren nannten. Diese Klans wiederum verbanden sich zu Stämmen, die ein bestimmtes Gebiet und die dazugehörigen Weiderechte für sich beanspruchten.

Im Lauf der Jahrhunderte gaben die Israeliten zwar ihre nomadische Lebensweise auf, doch auch als Ackerbauern waren sie auf den Schutz einer festgefügten Gemeinschaft angewiesen, um den

Als die Israeliten nach Kanaan kamen, verehrte man dort die mächtige Gottheit Baal. Die Propheten Israels verurteilten den Baalskult, doch der kanaanitische Fruchtbarkeits- und Wettergott übte lange eine starke Anziehungskraft auf die Israeliten aus.

Ein Relief zeigt den israelitischen Herrscher Jehu (um 845–818 v. Chr.), der König Salmanassar III. von Assyrien (858–824 v. Chr.) die Ehre erweist. Für die einfachen Menschen hatten politische Ereignisse nur geringe Bedeutung; die meisten von ihnen lebten abseits der Machtzentren gemäß jahrhundertealter Traditionen.

Fortbestand der Familien zu sichern. Zahlreiche Gefahren bedrohten das Leben der Menschen – Seuchen, Hungersnöte, Streitigkeiten mit Nachbarn und kriegerische Auseinandersetzungen mit fremden Eroberern forderten zahllose Opfer. Daher war eine große Kinderschar von besonderer Wichtigkeit für das Überleben einer Familie, und die göttliche Aufforderung „Seid fruchtbar und mehret euch" besaß für die Israeliten, deren Lebenserwartung nur wenig mehr als 30 Jahre betrug,

Um auf ihren Wanderungen zu neuen Weidegründen überleben zu können, mußten die israelitischen Großfamilien auf einen engen Zusammenhalt achten.

49

Ein Ägypter im Heiligen Land

Wertvolle Informationen über das Leben in biblischer Zeit liefert *Die Geschichte von Sinuhe*, eine etwa 4000 Jahre alte Geschichte, die das Leben eines Ägypters in Kanaan schildert. Sinuhe war ein Höfling, der aufgrund der Verwicklung in Palastintrigen vom Hof des Pharaos Sesostris I. (1971–1926 v. Chr.) fliehen mußte.

Alle bewohnten Gebiete meidend, überquerte er während seiner Flucht den Nil in der Nähe des heutigen Kairo und schlich sich an den Wachen der Grenzbefestigungen vorbei. Auf seinem beschwerlichen Weg, der in die Wüste Sinai führte, quälte ihn der Durst, und

Kriegskunst in biblischer Zeit: Mit einer einfachen Schleuder versucht dieser Kämpfer einen Gegner zu töten (Relief aus dem 9. Jh. v. Chr.).

er stand kurz vor einem Zusammenbruch. „So muß der Tod schmecken", dachte er, doch der Zufall rettete ihn. Er stieß auf eine Gruppe von Nomaden, die ihm Nahrung und Wasser gaben. Auf seinem weiteren Weg durch das kanaanitische Bergland halfen ihm verschiedene, ihre Tiere weidende Stämme, und schließlich erreichte er das nördliche Hochland. Ein dort ansässiger Herrscher, der einen Lehrer für seine Kinder suchte, hieß den gebildeten Wanderer willkommen. Später gab er ihm seine älteste Tochter zur Frau.

Bald gelangte der Ägypter in seiner neuen Heimat zu Ansehen und Wohlstand. Der Herrscher vertraute ihm und übertrug ihm das Kommando über seine Krieger. Eines von Sinuhes größten Abenteuern erinnert an die biblische Geschichte von David und Goliat. Seinem Bericht zufolge forderte ihn ein „mächtiger Mann", der vermeintlich beste Krieger im ganzen Land, zu einem spektakulären Einzelkampf heraus. In seiner Erzählung beschreibt Sinuhe, wie er sich darauf vorbereitete: „In der Nacht vor dem Kampf polierte ich die Waffen, spannte den Bogen und spielte mit meinem Dolch. Bei Tagesanbruch hatte sich halb Kanaan versammelt, und alle Herzen waren für mich entbrannt ..."

Bewaffnet mit einem Schild, einer Kriegsaxt und mehreren Wurfspeeren, mit denen er Sinuhe zu treffen versuchte, machte der Kanaaniter einen furchterregenden Eindruck. Sinuhe schildert, wie er seinen Gegner dennoch bezwingen konnte: „Er griff mich an, und ich schoß auf ihn, mein Pfeil steckte in seinem Nacken. Er stieß einen lauten Schrei aus und sackte in sich zusammen. Ich ergriff seine Axt, tötete ihn und ließ angesichts des besiegten Feindes einen Freudenschrei ertönen."

Nach langen Jahren in Kanaan wurde Sinuhes Heimweh immer stärker. Die Machtverhältnisse in Ägypten hatten sich gewandelt, und am Hof gab es einige sehr einflußreiche Persönlichkeiten, die ihm gewogen waren. Diese versuchten, Sinuhe zur Rückkehr zu überreden, und versprachen ihm den höchsten Lohn, den sich ein Ägypter vorstellen konnte – ein feierliches Begräbnis mit allen erdenklichen Ehren.

Also übergab Sinuhe seinem ältesten Sohn „... meinen Stamm und all mein Vermögen ... meine Diener, all meine Tiere und meine Obstbäume". Zurück in der Heimat, wurde er willkommen geheißen, und er lebte „unter der Gunst des Königs, bis der Tag der Heimkehr (des Todes) gekommen war".

---

eine elementare Bedeutung. Die meisten Eltern hatten zahlreiche Kinder, und etwa die Hälfte der Bevölkerung war jünger als 18 Jahre.

In biblischer Zeit hielten viele Menschen Krankheiten für eine göttliche Strafe, und so begegnete man den Alten mit großem Respekt. Hohes Alter galt keineswegs als Zeichen der Hinfälligkeit und des Niedergangs, sondern wurde mit Reife und Erfahrung verbunden. Besonders beeindruckend

waren für die Israeliten die Geschichten, die ihnen ihre Eltern und Großeltern über ihre Herkunft erzählten. So umfaßten die zehn Generationen von Adam bis Noah eine geradezu unvorstellbare Zeitspanne von über 8500 Jahren. Selbst Abraham erreichte der Bibel zufolge ein gesegnetes Alter von 175 Jahren und war bis zum Ende seiner Tage höchst aktiv. Mose, der die Israeliten durch die Wüste führte, soll erst mit 120 Jahren gestorben sein.

FAMILIENBANDE

Eine Großfamilie umfaßte in der Regel mehrere Generationen, wobei der Älteste das Oberhaupt der Gemeinschaft bildete. Zu dieser zählten seine Frau, seine Söhne und unverheirateten Töchter, die Frauen der Söhne und deren Kinder. Dazu kamen vielleicht noch eine verwaiste Nichte und möglicherweise die verwitweten Familienmitglieder. Nach dem Tod des Patriarchen übernahm sein ältester Sohn dessen Rolle als Beschützer der Familie.

Das Oberhaupt der Großfamilie genoß unbeschränkte Autorität; Ungehorsam und mangelnde Disziplin der Kinder wurden meist unnachsichtig geahndet. Im Buch der Sprichwörter findet sich folgender Ratschlag an Väter, die sich fragen, wie sie ihre Kinder erziehen sollen: „Erzieh deinen Sohn mit Strenge. Eine Tracht Prügel bringt ihn nicht um. Aber wenn du ihm seine Unarten austreibst, wirst du ihm das Leben retten" (Sprichwörter 23, 12).

Bei sehr schweren Vergehen hatte es der Vater sogar in der Hand, den Tod seiner Kinder zu beschließen. In der Bibel heißt es dazu: „Gesetzt den Fall, jemand hat einen Sohn, der so widerspenstig und ungehorsam ist, daß er trotz aller Strafen und Mahnungen weder auf seinen Vater noch auf seine Mutter hört. Dann sollen ihn seine Eltern gemeinsam zum Versammlungsplatz am Tor bringen, ihn den

Assyrische Männer schmückten sich mit Ohrringen und kräuselten Bart und Haupthaar mit Hilfe von Brennscheren. Als Angehörige eines Volkes von Kriegern wurden die Assyrer von ihren Nachbarn gefürchtet, und den Untergang ihres Reiches im Jahr 612 v. Chr. empfanden viele Völker als Befreiung.

Ältesten der Stadt vorführen und zu ihnen sagen: ‚Unser Sohn hier ist widerspenstig und will uns nicht gehorchen. Wir können sagen, was wir

Nach Niederlagen gegen fremde Invasoren mußte meist nur die Elite mit den Eroberern fortziehen, während die einfache Bevölkerung in ihrer Heimat bleiben konnte.

das Schicksal des Kindes beeinflussen zu können. Ausgewählt wurde der Name meist von der Mutter, doch auch der Vater entschied manchmal, wie das Neugeborene heißen sollte.

Im gesamten Vorderen Orient war es weit verbreitet, daß der Name eines Menschen auf einen Gott hinwies, der dem Träger des Namens Schutz gewähren sollte. Beispielsweise beinhalten Nathaniel und mehr als 100 andere biblische Vornamen das Wort El. Nicht nur die Kanaaniter bezeichneten damit ihre oberste Gottheit, auch die Israeliten verwendeten neben dem Namen Jahwe – so nannte sich Gott gegenüber Mose – die Bezeichnung El, wenn sie von ihrem Gott sprachen. Auch andere biblische Namen haben direkte göttliche Bezüge. Jehoschua (Josua) beispielsweise bedeutet „Jahwe ist Heil". Und Elijahu, eine Kombination aus El und Jahwe, heißt „Jahwe ist mein Gott".

Andere Namen erinnerten an die Umstände bei der Geburt, oder sie wiesen auf ein besonderes Merkmal des Neugeborenen hin. Abraham und seine Frau Sara drückten ihre Freude über ihren Erstgeborenen darin aus, daß sie ihn Jizchak (Er

Wichtige Schriftstücke wurden im Land der Bibel mit einem Siegelabdruck versehen.

wollen – er ist ein Prasser und Säufer.' Dann sollen die Männer der Stadt ihn durch Steinigung hinrichten" (5. Mose 21, 18–21).

VIELSAGENDE NAMEN

Die herausgehobene Stellung des Vaters innerhalb der Familien zeigt sich auch in der Namengebung. Die Kinder trugen keine Familiennamen, sondern erhielten einen Vornamen, der mit einem ergänzenden Hinweis auf den Vater versehen wurde. So hieß ein Junge beispielsweise Manasse, Sohn des Hesekiel. Die Wahl des Vornamens für ein Kind nahmen die Eltern sehr ernst, denn man glaubte, dadurch

---

ZEITZEUGNIS

VON FAULEN SCHÜLERN UND BESTECHLICHEN LEHRERN

Die Schüler, die in den Schulen von Ur und anderen mesopotamischen Städten lernten, hatten verblüffend vertraute Sorgen: Wie konnten sie faulenzen und doch dem Rohrstock des Lehrers oder des Vaters entgehen? Bei Ausgrabungen entdeckte man ihre Ziegelsteinbänke und Lehmtafel-„Schulhefte", denen wir Einzelheiten über ihr tägliches Leben entnehmen. Sogar einige kleine Gespräche, wie z.B. der folgende Streit zwischen einem Vater und seinem Sohn, fanden sich unter den Aufzeichnungen:

„,Wo bist du gewesen?' ,Ich bin nirgendwo gewesen.' ,Wenn du nirgendwo warst, weshalb lungerst du hier herum? Geh in die Schule! Treibe dich nicht auf dem Marktplatz herum. Zieh nicht durch die Straßen. Sei ein Mann! Tag und Nacht bereitest du mir Kopfschmerzen. Tag und Nacht spielst du herum. Andere Jungen helfen und unterstützen ihre Eltern. Ich habe nie von dir verlangt, daß du mein Feld pflügst. Du – du bist nur dann ein Mann, wenn es um Perversitäten geht. Ich bin wütend auf dich!' "

Daß auch schon früher einflußreiche Eltern ihren Kindern Vorteile zu verschaffen suchten, zeigt eine kleine Geschichte über einen schlechten Schüler. Dessen Vater lud den Lehrer zu sich ein, wo er ihn mit Geschenken überhäufte. Der Lehrer zeigte sich „einsichtig" und richtete folgende Worte an den Jungen: „ Junger Mann, weil du dir meine Worte zu Herzen genommen hast, glaube ich, daß du Klassenerster werden kannst – ja, der Beste der ganzen Schule. Du wirst es noch weit bringen!"

Teamarbeit: Jedes Mitglied dieser Töpferfamilie erfüllt seine Aufgabe in einem Fertigungsprozeß, der von der Vorbereitung der Tonklumpen zur Weiterverarbeitung bis zum Brennen im Ofen reicht. Links: Ein philistischer Töpfer schuf im 12. Jh. v. Chr. diesen bemalten Krug.

lacht) nannten. Inwieweit Namen wie Esau (der Behaarte) oder Gareb (der Schorfige) den Stolz der Eltern ausdrückten, läßt sich aus heutiger Sicht jedoch nur schwer nachvollziehen. Oft standen Tiere bei der Namengebung Pate, wobei sich deren beste Eigenschaften auf die Kinder übertragen sollten. Einige von vielen Beispielen für solche Namen sind Deborah (Biene), Rachel (Mutterschaf) oder Lea (Wildkuh).

Da die Heimat der Israeliten im Lauf der Geschichte immer wieder von fremden Mächten beherrscht wurde, beeinflußten die Eroberer neben vielen anderen Aspekten des täglichen Lebens auch die Namengebung. Als ab dem 4. Jh. v. Chr. erst die Griechen und später die Römer ihre Spuren im Land der Bibel hinterließen, gaben die israelitischen Eltern ihren Kindern häufig neben dem hebräischen noch einen griechischen oder römischen Namen.

DER VATER ALS VORBILD

Während Mädchen ihre gesamte Kindheit unter der Obhut der Mutter verbrachten und von ihr häusliche Fertigkeiten wie Spinnen, Weben und Backen erlernten, kümmerte sich der Vater schon früh um die Erziehung der Söhne. Zu Abrahams Zeiten lehrte das Familienoberhaupt die Knaben alles, was sie benötigten, um sich als Nomaden in einer oftmals feindlichen Natur zu behaupten.

Auch in späteren Jahrhunderten diente das Verhalten des Vaters den Söhnen als absolute Richtschnur. Vom Vater übernahmen sie auch den Beruf – ein Prinzip, das im Vorderen Orient so tief verwurzelt war wie das Patriarchat. Schon von klein auf erlernten die israelitischen Jungen an der Seite ihres Vaters die Fertigkeiten, die sie als Bauern oder Handwerker besitzen mußten.

Israelitische Eltern mußten ihren Kindern nicht nur die notwendigen praktischen Kenntnisse für Haushalt und Beruf vermitteln, mindestens ebenso wichtig war die religiöse Unterweisung. Die Geschichte der Erzväter und die anderen biblischen Erzählungen, welche die enge Beziehung Gottes zum israelitischen Volk dokumentierten, mußten wachgehalten werden. In der Bibel heißt es: „Seht zu, daß ihr nie vergeßt, was ihr mit eigenen Augen gesehen habt! Haltet die Erinnerung daran euer

IN DER SCHULE

Die Erziehung und Ausbildung der israelitischen Kinder lagen ausschließlich in den Händen der Eltern und Verwandten, bis im 2./1. Jh. v. Chr. Schulen entstanden und Lehrer die Bemühungen der Eltern unterstützten. Allerdings durften nur Jungen die Schulen besuchen, die man in Synagogen eingerichtet hatte. Im Vordergrund des Unterrichts stand neben Lesen und Schreiben die Unterweisung in die Heilige Schrift.

Leben lang lebendig, und erzählt es euren Kindern und Enkeln weiter" (5. Mose 4, 9–10).

Erziehung und Ausbildung bei den Völkern des Nahen Ostens glichen sich in vielerlei Hinsicht. Auch bei den Babyloniern beispielsweise war es üblich, daß ein Mann den Beruf seines Vaters erlernte; göttliche Gesetze machten es den jungen Menschen sogar nahezu unmöglich, von diesem vorgezeichneten Lebensweg abzuweichen.

In den kulturell hochentwickelten Städten Mesopotamiens ergänzte die Ausbildung durch Lehrer die väterlichen Bemühungen. In Ur, der Stadt, aus der Abrahams Familie stammte, lernten die Schüler vom Sonnenaufgang bis zum Sonnenuntergang unter der Aufsicht strenger Lehrer, die nicht mit körperlichen Züchtigungen sparten. Die Schüler hatten nur drei freie Tage im Monat, an drei weiteren Tagen waren sie vom Unterricht befreit, um an religiösen Festen teilnehmen zu können.

Der vielseitige Lehrplan umfaßte u. a. mathematische Übungen und Astronomie – bei aller Vielseitigkeit der behan-

Ein Vater macht seine Söhne mit den Riten des jüdischen Passafestes vertraut. Die Feierlichkeiten erinnern an eine der Plagen, mit denen Gott das Ende der israelitischen Sklaverei in Ägypten erzwang. Jede ägyptische Erstgeburt wurde getötet; die Kinder der Israeliten blieben jedoch verschont, da die Eltern ihre Häuser mit Lammblut kennzeichneten.

Das Ziel im Visier: Zur Ausbildung von assyrischen Adligen zählte ein längerer Militärdienst. Die jungen Männer, die Teil einer hochentwickelten Kriegsmaschinerie waren, erlernten neben dem Bogenschießen noch zahlreiche weitere soldatische Fertigkeiten.

delten Stoffe blieb jedoch so gut wie kein Platz für die eigene Kreativität, da der Unterricht in erster Linie aus reinem Auswendiglernen und Abschreibübungen bestand. Die fleißigsten Schüler wurden für diese nur wenig abwechslungsreichen Mühen belohnt. Eine erfolgreiche Abschlußprüfung garantierte einen Platz unter den Privilegierten; die Besten machten Karriere als Schriftgelehrte, welche die Religionsgesetze bewahrten und auslegten. Andere gute Schüler bekleideten öffentliche Ämter.

Auch im Reich des mächtigen persischen Großkönigs Darius I. (522–486 v. Chr.) spielte die militärische Ausbildung der Jugend eine bedeutende Rolle.

AN VORDERSTER FRONT

Während für die Israeliten die religiöse Unterweisung das wichtigste Element der Ausbildung und Erziehung war, mußten sich junge Männer in den militärisch hochgerüsteten Reichen der Assyrer, Babylonier und Perser schon früh mit den wichtigsten Fertigkeiten eines Kriegers vertraut machen. Für Assyrer von edler Herkunft bedeutete der Umgang mit Pfeil und Bogen schon in jungen Jahren eine Selbstverständlichkeit.

Auch bei den Persern achtete man soldatische Tugenden sehr hoch. Der persische Herrscher Darius I., der während seiner 36jährigen Herrschaft ein Großreich regierte, das auf dem Höhepunkt der persischen Macht von Indien bis an die Grenzen Griechenlands reichte, beschrieb stolz seine kriegerischen Fähigkeiten: „Ich bin gut ausgebildet, sowohl mit den Händen als auch mit den Füßen. Ich bin ein guter Reiter. Ich bin ein guter Bogenschütze, sowohl zu Fuß als auch zu Pferde. Als Lanzenwerfer bin ich gut, sowohl zu Fuß als auch zu Pferde.“

DIE STELLUNG DER FRAU

Frauen waren ihren Männern zu absolutem Gehorsam verpflichtet und besaßen in den

patriarchalischen Gesellschaften nur wenige Rechte. Ihre wichtigsten Aufgaben lagen

im Bereich der Haushaltsführung und Kindererziehung.

Obwohl das Zeitalter der Bibel rund 2000 Jahre umfaßt und von zahlreichen unterschiedlichen Völkern und Kulturen geprägt wurde, gab es doch viele Aspekte des Frauenlebens, die über viele Jahrhunderte nahezu unverändert blieben. Ob im alten Israel oder in Babylonien, ob in Assyrien oder in Persien – überall galt der Grundsatz, daß eine Frau dem Ehemann untergeordnet war und von diesem als ein Teil seines Besitzes angesehen wurde. Ein eindrucksvolles Dokument aus Assur, der ehemaligen Hauptstadt des mächtigen Assyrerreiches, zeigt in erschreckender Weise, wie weit die Verfügungsgewalt der Männer über ihre Ehefrauen reichte. In den mittelassyrischen Gesetzen (13. Jh. v. Chr.) findet sich folgende Regel: „Ein Mann darf seine Frau schlagen, er darf ihr die Haare ausreißen, ihre Ohren verdrehen und verletzen. Daran ist nichts Unrechtes."

Diese Elfenbeinschnitzerei stellt vermutlich eine Prostituierte dar. Bereits zur Zeit des Alten Testaments brauchten Frauen, die ihre Liebesdienste anboten, sich nicht um Kundschaft zu sorgen.

Aus der heutigen Sicht erscheinen auch andere Strafen ungewöhnlich grausam, die das Gesetz der Assyrer für Frauen vorsah, die sich eines Vergehens schuldig gemacht hatten. Wenn beispielsweise eine Frau einer Ehefrau, die den Haushalt ihres Mannes gegen dessen Willen verlassen hatte, Unterschlupf gewährte, konnten ihr die Ohren abgeschnitten werden. Auch die Verstümmelung anderer Gliedmaßen stand in dem schier unerschöpflichen Strafenkatalog. Von außergewöhnlicher Brutalität zeugt auch eine Buße, die für Abtreibung vorgesehen war. Frauen, die sich dieses schweren Vergehens schuldig gemacht hatten, sollten mit Pfählen durchbohrt und ihre Leichname nicht beerdigt werden. Und wenn die Abtreibung bereits zum Tod der Mutter geführt hatte, vollzog man die Strafe an ihrer Leiche.

Die Härte, mit der die Assyrer gegen Frauen vorgingen, die ihre Leibesfrucht nicht austragen woll-

WIEGENLIED FÜR EIN KÖNIGSKIND

Vor rund 4000 Jahren versuchte die junge Frau eines Königs in Ur, der mesopotamischen Heimatstadt Abrahams, ihren neugeborenen Sohn mit einem kleinen Lied in den Schlummer zu wiegen. Die poetischen Zeilen gelten als das älteste bekannte Schlaflied.

„Beim Klang meines Liedes soll mein Baby wachsen, und während ich singe, soll es stark werden. Fest verwurzelt wie der Irina-Baum, edel wie die Schakirpflanze, unten, inmitten der Apfelbäume am Fluß, wird ihn der Schlaf bedecken. Der Schlaf, mein Sohn, übermannt dich.

Er kommt über dich. Komm Schlaf, komm hierher, wo mein Sohn liegt. Eile an den Ort, wo mein Sohn liegt. Bring seine rastlosen Augen zur Ruhe. Lege deine Hand auf seine bemalten Augen und seine plappernde Zunge. Laß nicht zu, daß sein Plappern ihn vom Schlaf abhält."

Bevor ein junges Paar heiraten konnte, feilschten die Väter des Mädchens und ihres zukünftigen Mannes um die Höhe des Brautpreises, der an den Vater der Ehefrau entrichtet werden mußte. Mit einem feierlichen Handschlag besiegelten sie ihre Übereinkunft, die von einem Schreiber dokumentiert wurde.

ten, ist ein deutlicher Hinweis auf die Bedeutung, welche die Völker des Vorderen Orient den Kindern beimaßen. Eine große Kinderschar sicherte den Fortbestand von Familie, Sippe und Stamm, und daher war die wichtigste Aufgabe der Frauen, für zahlreichen Nachwuchs zu sorgen. Blieb der erhoffte Kindersegen aus, reichte dies dem Mann als Grund, seine Frau zu verlassen und sich eine andere Ehefrau zu wählen.

Eine Geschichte aus der Bibel zeigt, daß es trotz der Kinderlosigkeit einer Ehe für die Israeliten auch einen anderen Weg gab, den Fortbestand ihrer Familie zu sichern. So duldet es Sara, die Frau des biblischen Patriarchen Abraham, daß dieser mit der ägyptischen Sklavin Hagar ein Kind zeugt. Dieses wird allerdings auf Saras Betreiben verstoßen, als sie schließlich doch noch einen Sohn bekommt. Die Erzählung von Sara und Abraham schildert keinen ungewöhnlichen Fall – vier der insgesamt zwölf Stämme Israels stammen nach biblischer Überlieferung von Sklaven ab.

VERLOBUNG, HOCHZEIT UND SCHEIDUNG

Die Notwendigkeit, den Fortbestand der Familien zu sichern, brachte es mit sich, daß Heiraten von Blutsverwandten im alten Israel an der Tagesordnung waren. Eine Ehe zwischen Halbgeschwistern, zwischen Onkel und Nichte oder zwischen Tante und Neffe bildeten keine Ausnahme; nicht üblich waren jedoch sexuelle Beziehungen zwischen Eltern und ihren Kindern. Allerdings findet sich in der Bibel ein Beleg, daß auch diese nicht grundsätzlich als verwerflich galten, wenn sie den Bestand der Familie gewährleisteten. So machten die Töchter Lots, die aus Sodom entkommen waren, ihren Vater betrunken und schliefen mit ihm. Sie fürchteten, die ganze Menschheit sei bei der Zerstörung Sodoms vernichtet worden, und glaubten, durch ihr ungewöhnliches Handeln den Fortbestand des menschlichen Geschlechts zu garantieren.

Liebe spielte bei einer Eheschließung im alten Israel keine Rolle, denn sowohl Verlobung als auch Hochzeit wurden von den Vätern des Brautpaares abgesprochen. Dieser Brauch schloß natürlich nicht aus, daß die Ehegatten im Lauf ihrer Beziehung echte Zuneigung füreinander entwickelten. Grundsätzlich jedoch war die Absprache über eine Ehe ein geschäftlicher Akt, bei dem die Väter sich über die Höhe des Brautpreises einigen mußten. Da die Ehefrau ein Mitglied der Großfamilie wurde, die unter der Gewalt des Vaters des Bräutigams stand, ging ihren Eltern eine wertvolle Arbeitskraft verloren. Die Höhe der Entschädigung, die für diesen Verlust gezahlt werden mußte, hing von örtlichen Traditionen

In vielen kanaanitischen Haushalten gab es Figuren der Fruchtbarkeitsgöttin Astarte, die zeitweise auch von den Israeliten verehrt wurde.

Symbol der Liebe – Die hängenden Gärten in Babylon

Zu den Sieben Weltwundern der Antike zählten neben den ägyptischen Pyramiden, dem Tempel der Artemis in Ephesos, dem von Phidias geschaffenen Kultbild des Zeus, dem Mausoleum von Halikarnassos, dem Koloß von Rhodos und dem Leuchtturm der Insel Pharus auch die hängenden Gärten der Semiramis in Babylon. Sie gelten – ähnlich wie der einzigartige Tadsch Mahal in Indien – als das Sinnbild einer großen Liebe, denn König Nebukadnezar II. soll sie für seine Lieblingskonkubine Amytis gebaut haben.

Die Gärten, die nach den Berichten griechischer Schriftsteller in übereinanderliegenden Terrassen angelegt waren, erinnerten Amytis mit ihren üppig blühenden Blumen und den zahllosen Bäumen an die Bergwiesen ihres medischen Heimatlandes südlich des Kaspischen Meeres.

Zahlreiche Künstler schufen eine Fülle phantasievoller Darstellungen des geheimnisumwitterten Weltwunders, das für immer untrennbar mit dem Namen Babylon verbunden bleiben wird. Wie die Gärten tatsächlich ausgesehen haben, ist unbekannt, da zeitgenössische Beschreibungen fehlen. Herodot, der berühmte griechische Geschichtsschreiber, der Babylon im 5. Jh. v. Chr. besuchte, erwähnt die hängenden Gärten mit keinem Wort. Die Berichte, die in späteren Jahrhunderten erschienen, weichen in vielen Einzelheiten voneinander ab. Einige Gelehrte vermuten, daß die griechischen Besucher möglicherweise eine mesopotamische Zikkurat vor sich hatten und diese eindrucksvolle, in Terrassen angelegte Tempelanlage irrtümlicherweise für einen ungewöhnlichen Garten hielten. Archäologen stießen in der Nähe von Nebukadnezars Palast auf gewölbeförmige Fundamente, die die Gärten getragen haben könnten, doch dies ist heftig umstritten.

---

ab, und manchmal war es auch möglich, den Brautpreis in Form von Arbeitsleistung zu bezahlen. Ein bekanntes Beispiel für diese Gepflogenheit ist die biblische Geschichte von Jakob, der bei seinem Onkel und späteren Schwiegervater Laban sieben Jahre arbeiten muß, bevor dieser ihm seine Tochter Lea zur Frau gibt. Und schließlich steht Jakob noch weitere sieben Jahre im Dienst Labans, bis er endlich Rahel heiraten darf, die von ihm geliebte Schwester Leas.

Diese Erzählung gibt nicht nur Aufschluß über die traditionelle Möglichkeit, den Preis für die Braut abzuarbeiten, sondern sie zeigt auch, daß es durchaus verbreitet war, mehr als eine Frau zu heiraten. Tatsächlich lebte jedoch die Mehrzahl der Israeliten in Einehe, da für jede Frau selbstverständlich der übliche Brautpreis gezahlt werden mußte und somit nur sehr reiche Väter ihre Söhne mit zwei oder mehr Frauen verheiraten konnten. Besonders wohlhabende Männer konnten sich allerdings so viele Frauen leisten, daß sie einen regelrechten Harem ihr eigen nannten – König Salomo soll sogar 700 Frauen und 300 Nebenfrauen besessen haben.

Vor der Eheschließung erfolgte die Verlobung, die anders als heute genauso verbindlich war wie die Hochzeit selbst. Nach der Verlobungszeremonie, die in Anwesenheit von zwei Zeugen erfolgte, verging je nach Alter des zukünftigen Brautpaares ein mehr oder minder langer Zeitraum bis zu den Hochzeitsfeierlichkeiten. Diese begannen mit einer Prozession, die den festlich gekleideten und mit Blumenkränzen geschmückten Ehemann sowie seine ausgelassen singenden und tanzenden Freunde zum Haus des Brautvaters führte. Dort wartete bereits die verschleierte Ehefrau, die ebenfalls festlich gewandet war und den Brautschmuck trug, den sie von ihrem zukünftigen Mann geschenkt bekommen hatte. Dann trat die heitere, immer größer werdende Schar den Rückweg in das Haus des Bräutigams an, das für einige Tage und manchmal sogar für eine ganze Woche oder länger ein „Haus des

REINHEITSGEBOTE

Die Völker des Vorderen Orient beachteten eine Reihe von Reinheitsgeboten, von denen einige die Geburt und den weiblichen Zyklus betrafen.

Wenn eine israelitische Mutter eine Tochter bekam, dauerte die Zeit der „Unreinheit" doppelt so lange wie nach der Geburt eines Sohnes.

Mesopotamische Textilarbeiterinnen wurden während ihrer Menstruation bei fortlaufender Bezahlung von der Arbeit freigestellt.

In Juda galt der Geschlechtsverkehr während der Menstruation im 6. Jh. v. Chr. als ein schweres Verbrechen, das mit Verbannung bestraft wurde.

Ein Hochzeitsfest im alten Israel erstreckte sich meist über mehrere Tage, an denen die ganze Sippe singend und tanzend gemeinsam mit dem Brautpaar feierte.

LOBLIED FÜR EINE MUTTER

Diese Ode wurde in Nippur, 160 km nördlich von Ur, geschrieben und preist in Versen voller Poesie die zahllosen Vorzüge einer mesopotamischen Mutter.

„Ihr Name ist Schat-Ischtar von strahlender Gestalt.

Eine wunderschöne Göttin, eine Schwiegertochter der Freude,

gesegnet seit der Zeit, als sie ein Mädchen war,

voller Energie führt sie den Haushalt ihres Schwiegervaters,

umsichtig hat sie sein Vermögen gemehrt, geliebt, gelobt, voller Leben,

Lamm, Sahne, Honig, flüssige Butter meines Herzens.

Meine Mutter ist das helle Licht am Horizont, ein anmutiges Reh …

Wertvoller Karneol, Topas, Juwel einer Prinzessin, voller Liebreiz;

ein Ring aus Zinn, Armreif aus Eisen, Stab aus Gold und glänzendem Silber.

Eine reizende Elfenbeinfigur, ein Alabasterengel auf einem Sockel aus Lapislazuli.

Meine Mutter ist der Regen zur rechten Zeit,

Wasser für die Saat, eine reiche Ernte, beste Gerste, ein Garten der Fülle,

Früchte des neuen Jahres, ein Neujahrsgeschenk.

Ein Kanal voll reichen Wassers zu den Bewässerungsgräben.

Die süßeste Dilmun-Dattel, die von allen Datteln am begehrtesten ist.

Ein Fest, ein Angebot des Jubels, ein Gesang von Überfluß, ein Tanzplatz der Freude.

Meine Mutter ist ein Wagen aus Kiefernholz, eine Sänfte aus Trompetenbaumholz,

ein köstliches Gewand mit Öl parfümiert, eine Straußenschale voll von dem besten Öl, eine herrliche Girlande.

Lu-dingirra, dein geliebter Sohn, grüßt dich!"

Vor 3400 Jahren wurde dieser mit einem kunstvollen Griff versehene Bronzespiegel in Kanaan gefertigt.

Festes" war, wo sich die zahlreichen Gäste üppig bewirten ließen und lachend, musizierend, singend und tanzend feierten.

Nach dem Ende der Festivitäten begann der Ehealltag, der besonders für die junge Frau häufig mit sehr großen Anpassungsschwierigkeiten verbunden war. Sie mußte sich an die Mitglieder ihrer neuen Großfamilie gewöhnen, und selbst ihr Mann erschien ihr am Anfang häufig wie ein Fremder, da das Paar ja während der Verlobungszeit nicht zusammenlebte. Darüber hinaus mußte die Braut sich in allen Fragen des Haushalts den Anordnungen ihrer Schwiegermutter fügen, die so lange das Sagen hatte, wie der Vater des Bräutigams lebte.

Wenn die Eheleute nicht miteinander auskamen, konnte ein Mann sich von seiner Frau scheiden lassen. „Gesetzt den Fall, ein Mann heiratet und findet dann etwas an der Frau, das ihm zuwider ist, stellt er ihr eine Scheidungsurkunde aus und schickt sie weg", heißt es im 5. Buch Mose. Trotz dieser Möglichkeit der Trennung wurden Scheidungen jedoch von vielen Israeliten als eine Sünde betrachtet. Im Buch des Propheten Maleachi, das in der ersten Hälfte des 5. Jh. v. Chr. entstand, wird die Scheidung mit kaum zu überbietender Deutlichkeit verurteilt: „Noch eine weitere Sünde gibt es bei euch. Der Herr kennt sie; er ist der Anwalt der Frauen, die von ihren Männern verstoßen worden sind. Ihr Männer, ihr habt eurer ersten Frau die Treue gebrochen, obwohl sie eure Gefährtin war und dem Volk angehört, mit dem der Herr seinen Bund geschlossen hat. Das tut keiner, in dem noch etwas von der Gesinnung dieses Bundes lebt … Der Gott Israels, der Herr der ganzen Welt, sagt: ‚Ich hasse es, wenn einer seine Frau verstößt. Das ist so schlimm wie Mord.‘ Laßt euch also warnen! Keiner verstoße seine Frau!"

Obgleich diese Kritik auf bestehende Mißstände zielt, zeigt sie doch, daß es in der israelitischen Gesellschaft durchaus Bestrebungen gab, die Frauen vor Willkür zu schützen und ihnen ein Mindestmaß an sozialer Absicherung zu garantieren. Diesen Zweck erfüllte auch die Tradition der Leviratsehe, die allerdings in erster Linie darauf zielte, den Familienbesitz in der Sippe zu halten. Wenn ein Mann gestorben war, ohne Kinder zu hinterlassen, erwartete man von seinem Bruder oder einem anderen nahen Verwandten, daß er die Witwe heiratete. Ging aus dieser Verbindung ein Sohn hervor, galt dieser als Kind des Verstorbenen und erbte dessen Besitz.

Ein reicher Kindersegen

„Kinder sind ein Geschenk des Herrn, mit ihnen belohnt er die Seinen. Kräftige Söhne sind für den Vater wie Pfeile in der Hand eines Kriegers. Wer viele solche Pfeile in seinem Köcher hat, der hat das Glück auf seiner Seite." Diese Worte aus dem Psalm 127 machen deutlich, daß das höchste Glück einer israelitischen Frau die Mutterschaft war, und

Diese Figur zeigt eine schwangere Israelitin, die ihren prallen Bauch umfaßt. Im Heiligen Land gab es für eine junge Frau kein größeres Glück als die Mutterschaft, und mit besonderer Freude wurde ein Sohn begrüßt, der die Familienlinie fortsetzte.

daß insbesondere die Geburt eines männlichen Erben begrüßt wurde. „Sorge dafür, daß ich Kinder bekomme, sonst will ich nicht länger leben!" fleht beispielsweise Jakobs Frau Rahel ihren Mann an. Und als sie endlich schwanger wird und einen Sohn zur Welt bringt, sagt die glückliche Mutter voller Freude: „Gott hat meine Schande von mir genommen."

Eine werdende Mutter beachtete eine Reihe von traditionellen Vorschriften, die für eine glückliche Niederkunft sorgen sollten. So mied sie eine Reihe von Nahrungsmitteln, darunter vor allem salzige Speisen und grünes Gemüse. Gegen Fehlgeburten versuchten sich zahlreiche Frauen durch Amulette zu schützen.

Die Geburt stellte für die Israelitinnen ein sehr großes Risiko dar, und häufig starb die Mutter während der Niederkunft oder kurz darauf. Die durchschnittliche Lebenserwartung von Frauen lag daher mit knapp 30 Jahren über fünf Jahre unter jener der Männer. Bei der Geburt waren nur die weiblichen Familienmitglieder anwesend; in den Städten leisteten häufig Hebammen den Frauen Hilfe. Sie schnitten die Nabelschnur durch und wuschen das Neugeborene, bevor sie es – vermutlich zum Schutz gegen böse Geister – mit Salz abrieben. Da man glaubte, unkontrollierte Bewegungen könnten dem Baby schaden, wickelte man es fest in Tücher ein.

Unterstützung durch Hebammen wurde allerdings nicht allen Frauen zuteil, da es auf dem Land an erfahrenen Geburtshelferinnen mangelte. Darüber hinaus waren die Israeliten stolz auf die Widerstandsfähigkeit ihrer Frauen, die nach einer

Unterstützt von ihren Töchtern, erfüllen israelitische Frauen die vielfältigen Haushaltspflichten. Mädchen wie Jungen trugen nach ihren Möglichkeiten zum Wohlergehen der Großfamilie bei.

weitverbreiteten Auffassung nicht auf Hebammen angewiesen waren. Im 2. Buch Mose, das über die Flucht der Israeliten aus Ägypten berichtet, findet sich eine Episode, in der die robuste Konstitution der Israelitinnen eine wichtige Rolle spielt. Dabei geht es um zwei Geburtshelferinnen, die sich dem Befehl des ägyptischen Herrschers widersetzen, israelitische Kinder umzubringen. „Der König von Ägypten ließ die beiden hebräischen Hebammen Schifra und Pua rufen und befahl ihnen: ‚Wenn ihr den hebräischen Frauen bei der Geburt beisteht, dann achtet darauf, ob sie einen Sohn oder eine Tochter zur Welt bringen. Die männlichen Nachkommen müßt ihr sofort umbringen, nur die Mädchen dürft ihr am Leben lassen.‘ Die Hebammen aber gehorchten Gott und befolgten den Befehl des Königs nicht. Sie ließen auch die Söhne am Leben. Da ließ der König die Hebammen kommen und fragte sie: ‚Warum widersetzt ihr euch meinem Befehl und laßt die Jungen am Leben?‘ Sie antworteten dem Pharao: ‚Die hebräischen Frauen sind kräftiger als die ägyptischen. Bis die Hebamme zu ihnen kommt, haben sie ihr Kind schon längst zur Welt gebracht‘" (2. Mose 1, 15–19).

Nach der Niederkunft galten israelitische Frauen einige Zeit als unrein. Wenn sie einen Sohn zur Welt brachten, durften sie laut biblischer Vorschrift (3. Mose 12, 2–5) sieben Tage lang das Haus nicht verlassen, und wenn sie ein Mädchen geboren hatten, mußten sie für zwei Wochen im Haus bleiben. Danach war es ihr 33 (bei einem Jungen) oder 66 Tage (wenn das Kind ein Mädchen war) nicht erlaubt, an Zeremonien religiöser Natur teilzunehmen, wobei sich in der Bibel keine Erklärung für die unterschiedliche Angabe der Zeitdauer für die verschiedenen Geschlechter findet. Nach Ablauf der vorgeschriebenen Fristen konnte sich die junge Mutter mit einer Opfergabe reinigen: „Sind die 33 oder 66 Tage um, so soll die Frau ein einjähriges Schaf als Brandopfer und eine Taube oder Turteltaube als Sühneopfer zum Priester … bringen … Der Priester bringt ihre Opfergaben dem Herrn dar und nimmt damit ihre Unreinheit weg" (3. Mose 12, 6–8).

Wenn israelitische Jungen acht Tage alt waren, wurden sie mit einem Feuersteinmesser beschnitten. Die Beschneidung wurde auch von den Ägyptern und vielen anderen Völkern des Nahen Ostens praktiziert. Diese rituelle Operation, deren Ursprung nicht bekannt ist, galt den Israeliten als Symbol für ihre ganz besondere Beziehung zu Gott und ihren Bund mit ihm.

VON ZARTER HAND REGIERT

Obwohl die Angehörigen des weiblichen Geschlechtes in allen Kulturen des Vorderen Orient weniger Rechte besaßen als die Männer, gab es doch in einigen Ländern hin und wieder Frauen, die als Herrschergattinnen die Geschicke ihrer Völker mitbestimmten. Manchmal lag sogar die volle Regierungsverantwortung in den Händen einer Frau, wobei vor allem die beiden ägyptischen Königinnen Hatschepsut (etwa 1479–1458 v. Chr.) und Kleopatra VII. (51–30 v. Chr.) Berühmtheit erlangten.

Nicht nur die Ehefrauen, sondern auch die Mütter von Königen genossen einen ganz besonderen Status und machten ihren Einfluß geltend. Das assyrische Reich wurde ab 810 v. Chr. fünf Jahre lang von einer Königinmutter mit Namen Sammuramat beherrscht, die regierte, bis ihr Sohn Adad-Nirari III. erwachsen war. Sammuramat wußte die Menschen so sehr zu beeindrucken, daß sie zum Mittelpunkt zahlreicher Legenden wurde und auch den griechischen Mythos von Semiramis inspirierte. Dieser legendären Königin, die nach einem Attentatsversuch abdankte und zu den Göttern entrückt wurde, schrieb man die Anlage einer Reihe berühmter Monumente zu, und auch die legendären hängenden Gärten in Babylon sollen von ihr geschaffen worden sein.

Weniger positiv als in Assyrien und Ägypten betrachtete man in Israel die Frauenherrschaft. Charakteristisch für diese Sicht ist die in der Bibel wiedergegebene Geschichte Isebels, die an der Seite des israelitischen Königs Achab bedeutenden Einfluß hatte. Die besagte Isebel war eine phönizische Prinzessin, deren Ehe mit Achab um das Jahr 874 v. Chr. geschlossen wurde und eine Allianz zwischen Israel und Tyrus besiegelte. Sie setzte sich stark für den kanaanitischen Kult des Fruchtbarkeitsgottes Baal ein und bekämpfte die Religion der Israeliten. Im Buch der Könige findet sich eine Geschichte, die Isebel als eine Frau zeigt, die jede Menschlichkeit außer acht ließ, wenn es um ihre Ziele ging. Um einen Weinberg in den Besitz Achabs zu bringen, veranlaßte sie zwei Männer, dessen Eigentümer Nabot der Gotteslästerung zu beschuldigen. Der Unglückliche wurde daraufhin zu Tode gesteinigt. Isebels Schicksal erfüllte sich gemäß einer Voraussage des Propheten Elija. Auf Geheiß von König Jehu, einem früheren General, der Achab und Isebels Sohn Jehoram gestürzt hatte, wurde die Königin aus einem Fenster des Palastes geworfen. Pferde zertrampelten Isebels Körper, und Hunde verschlangen ihre Überreste.

In Ägypten genossen die Frauen von Herrschern große Verehrung (Maske einer Königin aus der 18. Dynastie, die das Land am Nil von 1550 bis 1291 v. Chr. regierte).

In vielen Kulturen des Vorderen Orient war es üblich, daß auch hochgestellte Damen Hausarbeiten wie Spinnen und Weben verrichteten. Anders als die Frauen aus dem einfachen Volk hatten sie Sklaven, die ihnen kühle Luft zufächelten.

SKLAVEN IM VORDEREN ORIENT

In vielen Haushalten im alten Israel unterstützten Sklaven die Familienmitglieder bei der täglichen Arbeit. Das Dasein dieser weitgehend rechtlosen Diener war sehr unterschiedlich, denn neben rücksichtslosen Herren gab es auch Sklavenbesitzer, die sie mit großem Respekt behandelten.

In den altorientalischen Kulturen Vorderasiens war die Sklaverei weit verbreitet; schon die Sumerer aus dem Süden Mesopotamiens zogen es Anfang des 3. Jt. v. Chr. vor, Kriegsgefangene als Arbeitssklaven einzusetzen, anstatt sie zu töten. Überall im Vorderen Orient dienten Sklaven in den Häusern der Wohlhabenden als billige Hilfskräfte, denen oft nur wenig mehr als eine angemessene Ernährung und ein Schlafplatz geboten wurden.

Das Schicksal der Sklaverei drohte nicht nur Kriegsgefangenen. Den Schritt in die Unfreiheit taten häufig auch Menschen, die aus den verschiedensten Gründen verarmt waren und in der Sklaverei eine Möglichkeit der Existenzsicherung sahen. So verkauften sich manchmal Bauern ohne Landbesitz für eine gesicherte Mahlzeit und einen Platz zum Schlafen. Eltern hatten die Möglichkeit, ihre Kinder an zahlungskräftige Interessenten zu veräußern, und wenn ein Mann Schulden hatte, die er nicht bezahlen konnte, sah er oft nur den Ausweg, sich mitsamt seiner ganzen Familie an den Gläubiger zu verkaufen.

Die Stellung der Sklaven war in den verschiedenen Ländern sehr unterschiedlich und hing neben den Gesetzen, welche die Rechte und Pflichten der Unfreien regelten, auch von den jeweiligen Besitzern ab. Während einige ihre Diener kaum besser als das Vieh behandelten, gab es andere, die ihre Sklaven fast als Familienangehörige betrachteten und ihnen manchmal sogar wichtige geschäftliche Angelegenheiten anvertrauten. Teilweise besaßen Sklaven das Recht, Geschäfte auf eigene Rechnung zu tätigen, wobei das notwendige Grundkapital von ihren Herren stammte. Waren sie erfolgreich, schufen sie auf diese Weise die notwendigen finanziellen Voraussetzungen für einen möglichen

ARBEITSDIENSTE IM ALTEN SUMER

Lange bevor die Israeliten im alten Ägypten im Dienst der Pharaonen Sklavenarbeit leisten mußten, machte man sich in Sumer bereits die Arbeitskraft von Kriegsgefangenen zunutze. Die Sklaven lebten häufig in Lagern und wurden bevorzugt zum Bau von Bewässerungskanälen eingesetzt. Darüber hinaus hatten sie die Aufgabe, die königlichen Felder zu pflügen oder Befestigungen zu bauen.

Vermutlich hatte die Arbeitsleistung von Sklaven auch einen erheblichen Anteil an der Blüte der zahlreichen Städte, deren stetiges Wachstum mit dem raschen kulturellen Aufschwung Sumers einherging. Zu den bedeutendsten Bauwerken in den Siedlungen der Sumerer zählten die Tempel, die unterschiedliche Formen aufwiesen. Während in kleinen Orten meist einfache, aus Lehmziegeln bestehende Heiligtümer errichtet wurden, gab es in den großen, wohlhabenden Städten eindrucksvolle Tempelbauten, die in mehreren Stufen gen Himmel wuchsen. Eine der imposantesten Zikku-rats, wie man diese Sakralbauwerke nannte, überragte das Häusermeer der sumerischen Stadt Ur. Die Metropole, die im 3. Jt. v. Chr. mit rund 30 000 Einwohnern zu den mächtigsten Städten der Welt gehörte, umfaßte einen großen Tempelkomplex, der um die etwa 25 m hohe Zikkurat gruppiert war. Die Bevölkerung von Ur verdankte ihren Wohlstand einem florierenden Handel. Zwei Kanäle, die zum Euphrat und zum Persischen Golf führten, erleichterten den Transport der Waren.

Diese ägyptische Statuette zeigt einen gefesselten Kriegsgefangenen, der wie viele Leidensgenossen Arbeiten im Dienst des Pharao verrichten mußte. Im Land der Pyramiden war die Sklaverei mindestens seit 2300 v. Chr. bekannt.

Freikauf. Im alten Babylon betrug die Auslösesumme den doppelten Kaufpreis. Das Vermögen, das babylonische Sklaven im Lauf ihrer Gefangenschaft erworben hatten, durften sie auch dann behalten, wenn ihr Besitzer sie an einen neuen Herrn verkaufte. Nach ihrem Tod fielen die Ersparnisse an einen Erben, den die Sklaven bestimmt hatten.

SKLAVEREI BEI DEN ISRAELITEN

Wie die anderen Völker des Vorderen Orient betrachteten auch die Israeliten die Sklaverei als eine Selbstverständlichkeit und sahen in ihr keine Verletzung der göttlichen Gebote. Zwar töteten die israelitischen Nomaden ihre Feinde, wenn sie auf ihren Wanderungen in Auseinandersetzungen verwickelt wurden, doch nachdem sie seßhaft geworden waren, verschonten sie einen Teil der Gefangenen und nutzten sie als Arbeitskräfte.

Neben den Ausländern, die als Kriegsgefangene in Sklaverei gerieten, gab es in Israel eine große Anzahl von einheimischen Sklaven, die sich im Privatbesitz anderer Bewohner des Heiligen Landes befanden. Unter ihnen waren beispielsweise Menschen, die aufgrund schlechter Ernten Schulden gemacht hatten und die häufig sehr hohen Zinsen nicht bezahlen konnten. Sie kamen dann in den Besitz des Gläubigers, der die Möglichkeit hatte, sie zu verkaufen.

Die Israeliten hatten das Recht, ihre Sklaven zu schlagen. Wenn sie sich beim Züchtigen nicht beherrschen konnten und im Zorn jedes Maß verloren, kam es hin und wieder zu schweren und manchmal sogar zu tödlichen Verletzungen. Starb der Sklave unmittelbar nach der Bestrafung durch seinen Herrn, drohte dem gewalttätigen Besitzer eine Buße. Wenn der Sklave jedoch noch einige Tage lebte, hieß es „im Zweifel für den Angeklag-

ten", und man sprach ihn frei, da der Sklave gemäß dem 3. Buch Mose „sein Geld" und mithin sein eigener Verlust war. Kam es zu einem Unfall, bei dem ein fremder Sklave versehentlich getötet wurde, mußte der Verursacher des folgenschweren Unglücks dem Besitzer des Sklaven eine Entschädigung zahlen.

Trotz aller Widrigkeiten war das Leben eines Haussklaven in Israel nicht immer elend oder gar erniedrigend. Viele Israeliten waren stolz darauf, ihre Sklaven sehr gut zu behandeln, und die Unfreien selbst betrachteten sich nicht als völlig rechtlose Geschöpfe. So erklärt sich möglicherweise eine römische Redensart, die besagte, daß sich jemand einen Herrn kaufte, wenn er einen israelitischen Sklaven erwarb. Nicht wenige Israeliten unterhielten freundschaftliche Beziehungen zu ihren Sklaven, hörten auf ihren Rat wie auf den eines Freundes, und manchmal setzten sie ihre Sklaven sogar als Erben ein, wenn sie keine Kinder hatten.

Israeliten, die sich bereit erklärten, für immer als Sklave bei einer Familie zu arbeiten, wurde mit einer Ahle ein Ohr durchstochen.

ALLTAG EINER ISRAELITISCHEN SKLAVIN IN BABYLON

Im Haus ihres neuen Herrn, des babylonischen Goldschmieds Bel-ibni, schreckte Rachel vom Schlaf auf. Es war noch dunkel, doch der Haushalt regte sich bereits, und Bel-ibnis Stimme klang laut und aufgebracht. Er hatte den Auftrag, Verzierungen für eine neue Statue des Gottes Marduk anzufertigen, und heute sollte er liefern.

Rachel war ein lebhaftes Mädchen, welches das Temperament seiner Mutter geerbt hatte, die viele Jahre in babylonischer Gefangenschaft verbracht hatte. Erst vor einigen Wochen, kurz nach Rachels 13. Geburtstag, war sie nach langer Krankheit gestorben.

Durch den Küchenklatsch hatte Rachel erfahren, daß ihr Herr fand, sie würde eine hübsche Konkubine für seinen Sohn Amel-Marduk abgeben. Dieser war 14 und begann gerade, Interesse am weiblichen Geschlecht zu zeigen. Mit diesen Gedanken verbrachte die junge Sklavin den Morgen mit verschiedenen Hausarbeiten, wobei sie sich immer wieder von ihrer Herrin zurechtweisen lassen mußte. Um die Mittagszeit kehrte Bel-ibni vom Basar zurück, und nach einem leichten Mittagessen zogen er und seine Frau sich zur Siesta zurück.

Die Abendmahlzeit wurde in Eile eingenommen, da im örtlichen Tempel ein Fest stattfand, das Bel-ibnis Frau besuchen wollte. Nach dem Essen schlichen Amel-Marduk und Rachel unbemerkt von den Dienern aus dem Haus und folgten den Eltern des Jungen zum Tempel, wo sie die Schlachtung eines Bullen beobachteten.

Kurz vor dem Ende der Zeremonie eilte das junge Paar zurück, und Rachel zündete im Haus und auf dem Hof die Lampen an. Wenig später kamen die Herrschaften zurück, und Bel-ibnis Frau erteilte Anweisungen für den nächsten Tag. Danach ging Rachel in ihr kleines Kämmerchen und schlief völlig erschöpft ein.

Ein Sklave im alten Israel blieb nicht zwangsläufig bis an das Ende seiner Tage im Besitz seines Herrn. In der Regel wurde er gemäß einem alten Brauch nach sechs Jahren freigelassen, wenn er sich nicht bereits vorher freigekauft hatte. Die dafür nötige Summe brachten häufig Freunde oder Verwandte auf, die dadurch die Solidarität der Sippengemeinschaft unter Beweis stellten.

Wenn ein Sklave keine Möglichkeit zu einem vorzeitigen Freikauf besaß, wurde von seinem Besitzer erwartet, daß er nach Ablauf der üblichen sechs Jahre Mittel zur Verfügung stellte, die dem Freigelassenen als eine kleine Starthilfe für eine neue Existenz dienten: „Wenn jemand aus Israel sich als Sklave oder Sklavin an dich verkauft, soll er dir sechs Jahre dienen; im siebten Jahr mußt du ihn wieder freigeben. Laß ihn aber nicht mit leeren Händen weggehen, sondern gib ihm großzügig von dem, was der Herr dir geschenkt hat: Schafe und Ziegen, Korn und Wein. Denkt daran, daß ihr alle in Ägypten Sklaven gewesen seid und daß der Herr, euer Gott, euch befreit hat. Deshalb gebe ich euch heute dieses Gebot" (5. Mose 15, 12–15).

Kriegsgefangene mußten in vielen Ländern des Vorderen Orient bei großen staatlichen Bauprojekten mitwirken (assyrisches Relief; 8. Jh. v. Chr.).

In fast allen wohlhabenden Haushalten des Vorderen Orient gab es einen oder mehrere Sklaven. Hier entzünden einige Bedienstete Fackeln und füllen Öllampen aus einem Krug.

Für den Fall, daß ein Sklave seinen Herrn nicht verlassen wollte – beispielsweise weil ihm das Dasein als Unfreier sicherer erschien als eine ungewisse Existenz nach der Freilassung –, mußte dieser in einer kleinen Zeremonie auf seine Freiheit verzichten. Erst gab er folgende Erklärung ab: „Ich liebe meinen Herrn, meine Frau und meine Kinder. Ich möchte nicht freigelassen werden." Dann wurde ihm an der Eingangstür des Hauses seines Herrn

das Ohr durchbohrt, was als Zeichen für seine Verpflichtung zu lebenslanger Leibeigenschaft galt.

Zahlreiche Sklavenhalter freuten sich natürlich über eine solche Entscheidung, denn viele unter ihnen ließen ihre Sklaven nur ungern nach sechs Jahren frei. Manche mißachteten sogar die Sechsjahresregel und behielten die Sklaven über den üblichen Zeitraum hinaus: In der Bibel wird von einem Abkommen berichtet, daß der letzte König von Juda, Zidkija, mit den Einwohnern Jerusalems getroffen habe. Darin ist vereinbart, daß alle Sklaven, die dem eigenen Volk angehören, freigelassen werden sollen. Der biblischen Geschichte zufolge hielt man sich erst an das göttliche Gebot, aber schon nach kurzer Zeit hatten die meisten Haushalte wieder einen Sklaven. Der Prophet Jeremia bekam darauf von Gott den Auftrag, den Bewohnern Jerusalems eine Botschaft auszurichten: „Alle sieben Jahre sollt ihr die Israeliten, die sich als Sklaven

GEMEINSAMKEITEN

Einige biblische Geschichten weisen verblüffende Parallelen zu den Legenden eines anderen nahöstlichen Volkes auf. Vom Gründer des mesopotamischen Reiches, Sargon dem Großen, heißt es, daß auch er als Säugling in einem Körbchen ins Wasser ausgesetzt worden sei – 1000 Jahre vor Mose im Schilfrohr.

Die alten Ägypter machten auf ihren Kriegszügen zahlreiche Gefangene, die sie in das Land der Pharaonen verschleppten (gefesselte Syrer auf einem ägyptischen Wandgemälde).

verkaufen mußten, wieder freigeben. Sechs Jahre sollen sie eure Sklaven sein, dann müßt ihr sie wieder freilassen. Doch eure Vorfahren haben nicht auf mich gehört und sich nicht daran gehalten. Ihr hattet euch nun anders besonnen und getan, was ich für recht und gut erklärt habe. Ihr hattet die Freilassung eurer Brüder und Schwestern verfügt und euch vor mir im Tempel durch ein feierliches Abkommen dazu verpflichtet. Jetzt aber habt ihr euch noch einmal anders besonnen. Die Menschen, die gerade in die Freiheit entlassen waren, habt ihr zurückgeholt und laßt sie erneut als eure Sklaven arbeiten. Damit habt ihr meine Ehre angetastet" (Jeremia 34, 14–16).

DIENST FÜR STAAT UND KÖNIG

Im Vorderen Orient mußte Zwangsarbeit nicht nur von Sklaven geleistet werden; in vielen Ländern gab es auch andere Formen erzwungener Dienstbarkeit. So dürften im alten Ägypten nicht nur Kriegsgefangene beim Bau der Pyramiden mitgewirkt haben, sondern auch Wehrpflichtige beteiligt gewesen sein. Aus einer ägyptischen Grabinschrift geht allerdings hervor, daß kein Ägypter zwangsweise zum Bau der einzigartigen Monumentalbauwerke verpflichtet werden sollte. Viele Menschen sahen in dieser großen Aufgabe, ein Werk mit Ewigkeitscharakter zu schaffen, eine große Ehre. Darüber hinaus betrachteten manche Ägypter den Dienst für den gottähnlichen Pharao als Möglichkeit, sich dem Reich der Götter zu nähern.

Auch im Heiligen Land wurden neben Staatssklaven andere Arbeitskräfte eingesetzt, als König Salomo im 10. Jh. v. Chr. eine Reihe großer Bauvorhaben verwirklichen wollte. Insbesondere die Errichtung des Tempels und eines großen Palastes in Jerusalem erforderten weitaus mehr Arbeiter als die zur Verfügung stehenden Sklaven. Laut der Bibel schlugen 30 000 Männer in den Bergen Phöniziens Zedern, und weitere 150 000 Arbeiter waren damit befaßt, Steine zu hauen und zu transportieren. Aus Phönizien stammten auch viele der Handwerker und Künstler, die den Königspalast und den Tempel ausschmückten. Diese für ihre Fähigkeiten gerühmten Männer wurden ebenfalls in Ägypten bei verschiedenen Bauprojekten eingesetzt.

MODE UND KÖRPERPFLEGE

Mit Ausnahme der Wohlhabenden waren die Menschen im Vorderen Orient einfach gewandet und bevorzugten praktische Kleidungsstücke, die sie nicht bei der Arbeit behinderten. Alle Frauen verwendeten Duftöle und andere Kosmetika, die häufig auch von Männern geschätzt wurden.

Im Zeitalter der Bibel verfügten die meisten Menschen nur über geringe Besitztümer, und daher war jedes Kleidungsstück ein wertvolles Gut, das sorgfältig gepflegt und nach Möglichkeit weitervererbt wurde. Mit Ausnahme einer privilegierten Elite stellten die Menschen ihre Kleidung selbst her, wobei sie den ganzen Arbeitsprozeß von der Schafschur oder Flachsernte bis hin zum fertigen Kleidungsstück begleiteten. Das Spinnen der Wolle war Aufgabe der Frauen, die dafür eine einfache Handspindel verwendeten, deren Gebrauch große Geschicklichkeit erforderte. Das anschließende Weben gehörte ebenfalls zum Tätigkeitsbereich der Frauen; diese langwierige Arbeit wurde jedoch manchmal auch von Männern verrichtet. Die Verarbeitung von Textilien war besonders in Ägypten hoch entwickelt, wo man hervorragende Stoffe herstellte. Das vielbegehrte, im Land des Nil gefertigte Leinen konnten sich allerdings nur die Wohlhabenden leisten.

Informationen über die Kleidung, welche die Menschen in der Zeit der Patriarchen trugen, liefert eine über 3000 Jahre alte Darstellung einer Gruppe von Wanderern. Die meisten tragen lose fallende, gemusterte Gewänder, die an der Schulter geschlossen sind. Einige Männer mit nacktem Oberkörper sind mit einem Rock oder Kilt bekleidet und tragen Sandalen. Die abgebildeten, mit Bogen, Speeren und Äxten bewaffneten Nomaden erinnern mit den Blasebälgen auf den Rücken ihrer Esel an die Keniter, umherziehende Wüstenschmiede aus dem Süden Palästinas.

Die Menschen in den heißen vorderorientalischen Ländern bevorzugten einfach geschnittene Gewänder wie diese ägyptische Tunika.

Das Grundkleidungsstück für den Alltag war nicht der Kilt, den die dargestellten Keniter tragen, sondern der *Kuttoneth*, eine Art verlängertes T-Shirt, das bis zu den Knien reichte, manchmal auch bis zu den Knöcheln. In eine um die Taille gebundene Schärpe konnte man Waffen stecken, und gleichzeitig erhielt man so eine Art Tasche für wertvolle Gegenstände, die man oben in den Halsausschnitt steckte. Wenn man arbeiten wollte, ohne von der Kleidung behindert zu werden oder sie zu beschmutzen, raffte man das Gewand unter der Schärpe hoch. Bei kaltem Wetter trugen sowohl Männer als auch Frauen einen Umhang oder Mantel, der ihnen in der Nacht als Decke diente.

SCHUHWERK

Die Israeliten trugen in der Regel Sandalen, nur die Ärmsten gingen barfuß. Schuhe dienten nicht nur dem Schutz der Füße, sondern erfüllten auch noch andere Zwecke. So war es eine israelitische Sitte, einen größeren Handel damit zu besiegeln, daß der Verkäufer einen Schuh auszog und ihn dem Käufer überreichte. Einem Mann, den man für schuldig befunden hatte, seine gesellschaft-

Leicht und bequem: Die Bevölkerung des Heiligen Landes trug schlichte Sandalen oder ging barfuß.

lichen Pflichten zu vernachlässigen, konnten die Schuhe zwangsweise weggenommen werden, was einen enormen Ehrverlust bedeutete. So hatte im alten Israel eine kinderlose Witwe das Recht, einen Schwager, der sich gesetzwidrig weigerte, sie zu heiraten, bei den Ältesten anzuklagen, und sie konnte fordern, „den Schuh von seinem Fuß zu lösen und ihm ins Gesicht zu spucken". Eine ähnliche Tradition gab es bei den Hethitern. Wenn man einen Soldaten dabei ertappte, seinen Wachpflichten nicht nachzukommen, demütigte man ihn damit, daß man ihm die Schuhe wegnahm.

MODE AM KÖNIGSHOF

Eine Bildhauerarbeit, die wiedergibt, wie König Jehu den Assyrern im Jahr 842 v. Chr. Tribut anbietet, gewährt einen Einblick in die Mode der israelitischen Könige und ihres Gefolges. Jehu trägt einen mit Fransen besetzten *Kuttoneth*, der von einem Gürtel mit Quasten gehalten wird. Seine Begleiter sind in bortenbesetzte Mäntel gewandet. Sowohl der König als auch seine Gefolgschaft haben spitzfrisierte Bärte und tragen Sandalen mit nach oben gebogenen Spitzen.

An allen Königshöfen im Vorderen Orient legte man sehr großen Wert auf eine standesgemäße äußere Erscheinung, doch die persischen Herrscher übertrafen wohl alle anderen Machthaber an Prunk und Glanz. Nur die besten Stoffe und der kostbarste Schmuck waren gut genug für diese stolzen Großkönige. Ihre Garderobe bestand im 5. Jh. v. Chr. aus einem langen, goldbestickten Purpurmantel mit weiten Ärmeln über einer gestreiften Tunika und engen, karminrot gefärbten Beinkleidern. Ohren, Hals und Handgelenke waren mit Juwelen geschmückt, und in der Hand hielten sie ein goldenes Zepter. Die persischen Könige trugen einen hohen Hut mit einer blauen und einer weißen Quaste; bei besonderen Anlässen hatten sie eine gezackte Krone auf. Ihr Thron stand unter einem von Säulen gestützten Baldachin und war so hoch, daß der König einen Schemel benötigte, um ihn zu besteigen.

Nicht nur in Persien, sondern auch in anderen Ländern spiegelte ein großer, prächtig geschmückter Thron die Machtfülle der Herrscher wider. Besonders prunkvoll war Salomos Löwenthron, der in der Bibel folgendermaßen beschrieben wird: „Auch ließ er (Salomo) einen großen Thronsessel herstellen, der mit Elfenbein und reinem Gold belegt war. Sechs Stufen führten zum Thron hinauf, und auf jeder Stufe stand rechts und links je eine Löwenfigur, ebenso auf beiden Seiten neben den Armlehnen. Der Thron hatte auch einen goldenen Fußschemel. Kein anderer König hat sich je einen so prächtigen Thron anfertigen lassen" (2. Chronik 9, 17–19).

Elfenbein, das neben zahlreichen anderen kostbaren Materialien diesen prunkvollen Thron zierte, wurde von den Reichen sehr geschätzt, wobei besonders phönizische Möbel mit Elfenbeinzierat begehrt waren. Für seinen Palast in Samaria gab König Achab im Jahr 869 v. Chr. wertvolle Zedernwände mit Einlagen aus sehr fein

Einfache Webstühle (hier ein rekonstruiertes, mit kleinen Lehmgewichten versehenes Exemplar) dienten in biblischer Zeit zur Herstellung von Kleidungsstücken, die oft bunt gefärbt waren.

Sorgfältig prüft eine mit Juwelen geschmückte Frau verschiedene Stoffe, die auf einem belebten Markt im alten Israel angeboten werden.

geschnitztem Elfenbein in Auftrag. Dieses „Elfenbeinhaus", wie es in der Bibel genannt wird, war vom ägyptischen Stil beeinflußt, die Formen und Abbildungen wirkten jedoch weniger streng. So erschien z. B. das Abbild des Gottes Horus, der auf einer Lotosblüte hockte, rundlicher als ägyptische Darstellungen, und die Löwen machten den Eindruck, als könnten sie niemand auch nur den geringsten Schaden zufügen. Die Oberflächen waren mit Mosaiken geschmückt, bei denen Rot-, Blau- und Grüntöne dominierten.

TEURER TOD

Im alten Sumer mußten die Menschen um das Jahr 2500 v. Chr. Steuern zahlen, wenn ein Angehöriger starb. In der Stadt Lagasch gab es Steuereintreiber, die von den trauernden Familien Abgaben forderten, die beispielsweise in Form von Brot, Bier und Möbeln erbracht wurden. Nach einem Machtwechsel wurde die Sterbesteuer halbiert und die Scheidungssteuer, die man vorher bei der Trennung von Ehepaaren verlangte, völlig abgeschafft.

ANSPRÜCHE DER JUGEND

Wie man aus dem Brief eines Sohnes an seine Mutter aus der Zeit des babylonischen Königs Hammurabi im 18. Jh. v. Chr. schließen kann, war das Modebewußtsein bereits bei jungen Leuten sehr ausgeprägt. „Die Kleidung der bessergestellten Herren wird von Jahr zu Jahr besser", stellt der Junge, dessen Vater Schamasch-Hazir ein hoher

Waffen aus Eisen, Kupfer und Bronze

Im 13. und 12. Jh. v. Chr. gab es im Vorderen Orient eine Reihe politischer Umwälzungen, an deren Ende die weitgehende Auflösung der alten Ordnung stand. Maßgeblichen Anteil an diesen Entwicklungen hatten die sogenannten Seevölker, wagemutige Eroberer, die aus dem ägäischen Raum und aus Südanatolien kamen. Ägyptische Abbildungen zeigen diese Eindringlinge, die mit Langschwertern bewaffnet waren und sich mit Helmen und Schilden schützten. Unter diesen Invasoren befanden sich auch die Peleset (Philister), die an der Küste Kanaans siedelten und zu den Hauptgegnern der ersten Könige Israels zählten.

Die Schlachten, in denen sich in den letzten Jahrhunderten des 2. Jt. v. Chr. das Schicksal zahlreicher vorderorientalischer Völker entschied, wurden mit Waffen ausgetragen, die man zum großen Teil aus Eisen geschmiedet hatte.

Schon in den Jahrtausenden vor dem Eisenzeitalter hatten die Menschen eine Vielzahl von Waf-

Dieser Bronzeaxtkopf und die Form, in der er gegossen wurde, gehen auf das 10. Jh. v. Chr. zurück. Zu dieser Zeit fertigte man bereits Waffen aus Eisen.

fen geschmiedet und gehärtet, wobei bis zum 5. Jt. v. Chr. Kupfer und später verstärkt Bronze als Material dienten. Die damals bekannten Töpferöfen entwickelten ausreichend Hitze, um aus dem grünlichen Malachit, einem Kupfererz, reines Kupfer zu gewinnen. Bronze ist härter, weniger rostanfällig und leichter zu gießen als Kupfer. Die Produktion dieser Kupfer-Zinn-Legierung war bis etwa zum Jahr 2600 v. Chr. so weit perfektioniert, daß die Feldherren der damaligen Reiche ihre Krieger mit schlagkräftigen Waffen aus Bronze ausstatten konnten.

Bevor um 1200 v. Chr. die Kenntnis der Eisenverarbeitung in den östlichen Mittelmeerraum gelangte, hatte man schon im Nordosten der heutigen Türkei und in Armenien, wo große Erzvorkommen lagerten, erstaunliche Fortschritte auf dem Gebiet der Metallurgie gemacht. Hier gelang es nach dem Jahr 1500 v. Chr. hethitischen Schmieden, Eisen zu härten, indem man es wiederholt mit Holzkohle erhitzte. Durch anschließendes Abkühlen in Wasser oder Öl erhielt man Stahl.

Nach dem Zerfall des Hethiterreiches im 13. Jh. v. Chr. verbreitete sich das Wissen von der Gewinnung und Verarbeitung des Eisens auch bei anderen Völkern. Dies hatte nicht nur erhebliche Auswirkungen auf die Kriegsführung, sondern führte auch zu tiefgreifenden Veränderungen in der Landwirtschaft und im Handwerk. So kamen bis zum 10. Jh. v. Chr. eiserne Pflüge und Sicheln, Meißel und Sägen in Gebrauch, welche die Arbeit für Bauern und Handwerker sehr erleichterten.

Beamter im königlichen Dienst war, fest. Dann beschuldigt er seine Mutter, daß sie es ihm verwehre, ebensogut angezogen zu sein wie andere wohlhabende Leute, und daß sie versuche, an seiner Kleidung zu sparen: „Indem du an meinen Kleidern knauserst, bist du reich geworden." Er vergleicht sich mit einem anderen Jungen, „dessen Vater nur ein Untergebener meines Vaters ist". Der Junge hatte „zwei neue Gewänder erhalten, doch du regst dich schon über ein einziges Gewand für mich auf. Während ich dein Sohn von Geburt bin, hat ihn seine Mutter durch Adoption erhalten, doch während seine Mutter ihn liebt, liebst du mich nicht."

Bärte und Frisuren

Wie man an dem Beispiel des jungen Babyloniers sieht, spielte Kleidung im gesellschaftlichen Leben eine große Rolle. Fast ebenso wichtig waren ein gepflegter Bart und eine modische Haartracht, die beide die Männlichkeit unterstreichen sollten. Als besonders würdevoll galt der spatenförmige mesopotamische Bart, der nicht nur von den Assyrern geschätzt wurde. Außergewöhnlich schön sollen die Haare von König Davids Sohn Abschalom gewesen sein, der für sein gutes Aussehen gerühmt wurde. In der Bibel heißt es über ihn: „In ganz Israel gab es keinen Mann, der so schön war und so sehr

Zu den wertvollsten Besitztümern einer Frau zählte ihr Schmuck, der auch als Tauschware diente. In einem kanaanitischen Grabmal aus dem 13. Jh. v. Chr. fand man ein Kästchen mit Perlenketten, Ringen und anderen Kostbarkeiten.

bewundert wurde wie Abschalom. Vom Scheitel bis zur Sohle war alles an ihm vollkommen. Von Zeit zu Zeit ließ er sein Haar schneiden, weil es ihm zu schwer wurde, und die abgeschnittenen Haare wogen jedesmal mehr als zwei Kilo nach dem königlichen Gewicht" (2. Samuel 14, 25–26). Sein prächtiger Haarwuchs wurde Abschalom letztlich jedoch zum Verhängnis. Bei einer Schlacht gegen die Truppen seines Vaters David, den er stürzen wollte, floh er angesichts der drohenden Niederlage, doch als er mit seinem Maultier „unter einer Eiche durchritt, verfing er sich mit den Haaren im dichten Geäst; das Maultier lief unter ihm weg, und er blieb am Baum hängen" (2. Samuel 18, 9). Davids kühner Heerführer Joab machte sich die hilflose Lage des von ihm gehaßten Abschalom zunutze und tötete Davids Sohn gegen den entschiedenen Befehl des Königs.

Im Vorderen Orient war die Vorstellung weit verbreitet, daß ein Krieger aus seinem langen Haar Kraft bezog. Wohlbekannt ist die Geschichte des biblischen Helden Simson, welcher der von ihm geliebten Philisterin Delila das Geheimnis seiner Stärke enthüllt und daraufhin von ihr verraten wird: „Noch nie in meinem Leben sind mir die Haare geschnitten worden. Seit meiner Geburt bin ich dem Herrn geweiht. Wenn man mir die Haare abschneidet, verliere ich meine Kraft und bin nicht stärker als irgendein anderer Mensch" (Richter 16, 17).

Die Philister schnitten dem schlafenden Simson die Haarflechten ab und stachen ihm die Augen aus. Ein Fest, bei dem die Gäste den blinden Helden verspotteten, nutzte Simson für seine Rache. Da ihm im Gefängnis die Haare nachgewachsen waren, besaß er die Kraft, sich gegen die Säulen zu stemmen, die das Festgebäude stützten. Das Bauwerk brach zusammen und begrub Tausende von Philistern unter sich.

Im 9. Jh. v. Chr. benutzten israelitische Frauen verzierte Schminkplatten, die aus Sandstein gefertigt waren.

KÖRPERPFLEGE

Lange Haare, wie sie Abschalom, Simson und andere Israeliten trugen, sauber und einigermaßen ansehnlich zu halten, war aufgrund der Wasserknappheit nicht einfach. Nur in einigen Häusern gab es Becken, wo sich die Menschen waschen konnten, und in den Wohnungen der Wohlhabenden stellte man Fußbäder für ankommende Gäste bereit, damit diese sich nach der Reise erfrischen konnten.

Bei der Körperpflege benutzte man häufig statt Wasser das allgegenwärtige Olivenöl. Die Menschen verwendeten es in stark parfümierter Form und salbten damit den ganzen Körper ein, um so die Haut vor dem Austrocknen zu schützen. Die Duftnoten der Öle waren vielfältig: Sie rochen nach Zimt und Safran, nach Weihrauch und Myrrhe oder nach

Frauen im alten Israel trugen oft lange, liebevoll geflochtene Zöpfe, die manchmal von einem Schal bedeckt waren. Männer schützten ihr Haupt mit Mützen vor der sengenden Sommersonne.

Minze sowie Jasmin- oder Rosenblüten. Auch die Kleidung wurde mit Myrrhe, Aloe und anderen Duftstoffen benetzt, um den strengen Geruch ungewaschener Wolle zu überdecken. Parfümierte Öle wurden nicht nur von Frauen verwendet, auch die Männer schätzten deren Wohlgerüche. Kein

Kosmetikschrank einer Frau konnte sich mit dem „Salbenkästchen" messen, das der persische König Darius II. auf Reisen mitnahm. Darin befand sich neben vielen Duftölen, Salben und Pasten eine Hautcreme, die u. a. aus Löwenfett und Palmöl bestand und mit Safran gefärbt wurde.

ACHTUNG VOR DEN TOTEN

Im Heiligen Land erwies man einem Toten seinen Respekt, indem man ihm ein würdiges Begräbnis ausrichtete. Wohlhabende Israeliten besaßen Familiengrabstätten, die an einem geeigneten Ort vor den Stadtmauern in den weichen Fels gehauen waren. Eine schwere Steinplatte verschloß den Eingang zu den Grabkammern.

Wegen des warmen Klimas begruben die Israeliten ihre Toten meist bereits am Sterbetag. Bevor sie einem verstorbenen Angehörigen die letzte Ehre erwiesen, wickelten sie ihn in ein Leichentuch und trugen ihn auf einer Bahre zur Begräbnisstätte. Hinter den Leichenträgern folgte ein Trauerzug, der neben den Verwandten sowie den Freunden und der Dienerschaft manchmal auch bezahlte Klagefrauen umfaßte. In

der Grabkammer bettete man den Leichnam auf einem Sims aus Stein zur letzten Ruhe. Neben dem Verstorbenen lagen meist einige von seinen persönlichen Besitztümern. Oft standen in der Gruft kleine, mit Getränken gefüllte Krüge, und in einer Nische brannte ein Öllämpchen. Die Israeliten glaubten, daß der Geist Licht und Nahrung für seine letzte Reise benötige. Viele Gräber dienten zahlreichen Generationen als letzte Ruhestätte. Um Platz für neue Leichen zu schaffen, lagerte man die Knochen der Toten in den Nischen der Grabkammer, in Urnen oder anderen Behältnissen.

Nicht alle Familien konnten sich ein großes Grab für die ganze Sippe leisten. Wer die dafür

Die Gebeine einer verwesten Leiche verwahrte man manchmal in geschnitzten Urnen, die oft liebevoll verziert waren.

notwendigen Mittel nicht aufbringen konnte, begrub die Verstorbenen einfach unter Steinen und etwas Erde. Solche schlichten Begräbnisse mußten keinesfalls der Würde entbehren, denn die Hinterbliebenen versäumten es nur selten, der Bestattungszeremonie einen Rahmen zu geben, der dem Anlaß gerecht wurde. Immer erwiesen alle Sippenangehörigen dem Toten die letzte Ehre.

Die größte Schande, die einem Menschen widerfahren konnte, war es, nicht begraben zu werden. Das Gesetz verfügte, daß selbst hingerichtete Verbrecher unverzüglich begraben werden mußten, so daß sie das „Land nicht besudelten". Die Bewohner des nächstgelegenen Dorfes hatten die Pflicht, am Wegrand gefundene Fremde sofort zu beerdigen.

Platz in den Grabkammern konnte man auch schaffen, indem man die Knochen von lange verstorbenen Angehörigen in Beinhäusern lagerte.

Trauernde verabschieden sich von einem toten Familienangehörigen, der in ein Felsengrab gebracht wird. Neben Freunden und Verwandten erweisen auch die Sklaven dem Verstorbenen die letzte Ehre.

Die meisten israelitischen Frauen liebten Kosmetika, die sie trotz der großen Abneigung der israelitischen Propheten gegen „bemalte Gesichter" großzügig einsetzten, um ihre Schönheit zu steigern. Mit rotem Ocker, einer Eisenoxidverbindung, zerstoßenen Hennablättern und den unterschiedlichsten Mischungen auf pflanzlicher Basis bedeckte man Wangen, Hände, Füße und Haare. Um die Augenlidstriche zu ziehen, verwendete man eine Farbe, die neben dem blaugrauen Mineral Ga-

lenit das grüne Malachit enthielt. Die Mischung wurde mit Wasser verdünnt und in Form einer Paste aufgetragen.

SCHMUCK FÜR FRAUEN UND MÄNNER

Schmuck in allen erdenklichen Formen wurde von den Frauen hoch geschätzt. Selbst arme Frauen trugen billige Glasperlen und einfache Armreifen sowie aus Muschelschalen gefertigte Ketten. Sehr beliebt waren bei den einfachen Frauen aus dem

Volk auch kleine Anhänger, die aus Tierknochen geschnitzt waren. Reiche Damen dagegen bevorzugten wertvolle Ringe und Ketten aus Gold und Silber.

Im Vorderen Orient schmückten sich nicht nur die Frauen, wobei es einige regionale Unterschiede gab. Während beispielsweise in manchen Ländern die Männer sowohl Ohren- als auch Nasenringe trugen, war dies in Israel nicht üblich.

Der Prophet Jesaja verurteilte die Eitelkeiten seiner Zeit und versicherte den reichgeschmückten Frauen Jerusalems, daß sie Gottes Strafe nicht entgehen würden. „Der Herr sagt: ,Seht doch, wie hochnäsig sie sind, die Frauen Jerusalems! Sie recken ihre geschmückten Hälse, werfen aufreizende Blicke nach allen Seiten und trippeln mit zierlichen Schritten, damit ihre Fußspangen klir-

ren. Deshalb werde ich ihnen den Kopf entblößen und sie öffentlich der Schande preisgeben.' Der Tag kommt, an dem der Herr ihnen allen Schmuck wegnehmen wird: die Fußspangen, die Sonnen und Halbmonde, die sie um den Hals tragen, Ohrgehänge, Armbänder und Schleier, Kopfputz, Fußkettchen und Brustbänder, Talismane und Amulette, Fingerringe und Nasenringe, Festkleider, Mäntel, Umhänge und Täschchen, durchsichtige Gewänder, feinste Leinenhemden, Kopftücher und Halstücher. Dann bekommen sie statt des Wohlgeruchs den Gestank von Fäulnis, statt des Gürtels einen Strick, statt kunstvoll geflochtener Haarpracht eine Glatze, statt des Festkleids einen zerlumpten Sack, statt der Schönheit die Schande eines Brandmals" (Jesaja 3, 16–24).

HAUPTSACHE BUNT

Die Menschen im Vorderen Orient liebten bunte Gewänder, wobei besonders die Farbe Purpur geschätzt wurde, deren Schattierungen von Violettblau bis zu einem tiefen Rot reichten. Purpur wurde aus den Innereien von zwei Arten der Meeresschnecke Murex gewonnen, die man mit Netzen vor

Tyrus und anderen phönizischen Häfen fing. Die Phönizier verstanden sich so gut auf die Erzeugung des Farbstoffgemisches und das Färben von Textilien, daß der Name ihres Landes mit dieser Tätigkeit in Verbindung steht. Die Übersetzung von Phönizien lautet nämlich Purpurland.

Die Herstellung von Purpur war außergewöhnlich aufwendig, denn von jeder Schnecke gewann man nur wenige Tropfen des Färbesekrets. Daher galt es als sehr kostbar, und Kleider, die mit Purpur gefärbt waren, verliehen ihren Trägern großes Ansehen.

Um Purpur zu erzeugen, wurden die harten Schalen der Meeresschnecken aufgeschlagen, ihr Inhalt mit Salz bestreut und einige Tage liegengelassen, ehe man alles

Ein phönizischer Kaufmann präsentiert purpurfarbene Stoffe, für die er von seinen Kunden einen stolzen Preis verlangt.

in einen großen Kessel schüttete und neun Tage lang kochte. Immer wieder wurden Fleischstücke und Schalenteile abgeschöpft, bis das Gebräu für die ersten Farbtests verwendet werden konnte. War das Ergebnis zufriedenstellend, wurde die Wolle für mehrere Stunden in die manchmal mit Honig vermischte Farbe getaucht. Die gefärbte Wolle trocknete man in der Sonne, wobei sich ein abscheulicher, kaum zu ertragender Geruch entwickelte.

Wolle, die mit Purpur gefärbt war, galt als farbecht und brachte den phönizischen Kaufleuten, die mit ihr handelten, ein Vermögen ein. Persische Könige hüllten sich in purpurfarbene Gewänder und hielten unter einem purpurnen Baldachin hof. Und eine ägyptische Kurtisane soll eine so hohe Summe für ein purpurfarbenes Kleid bezahlt haben, daß sie dafür 500mal ihre Dienste anbieten mußte.

ARBEIT UND FREIZEIT

Babylon, Ninive, Jerusalem und andere Städte des Vorderen Orient waren wichtige Macht- und Handelszentren, in denen eine buntgemischte Bevölkerung auf engstem Raum zusammenlebte. Kriege führten immer wieder zum Niedergang blühender Metropolen, deren Bewohner verschleppt wurden oder Tribute an neue Herrscher entrichten mußten. Doch selbst in Zeiten großen Ungemachs verloren die Menschen nicht ihre Lebensfreude und nutzten jede Gelegenheit, um bei Musik und Tanz den harten Alltag zu vergessen.

LEBEN IM ZENTRUM DER MACHT

Die Eroberung und Zerstörung Jerusalems durch die Babylonier führte Anfang des 6. Jh. v. Chr. zu einem jahrzehntelangen Exil der judäischen Elite. Der enge Kontakt mit einer hochzivilisierten Kultur prägte die Verschleppten, die im Lauf der Zeit viele Bräuche der neuen Herren übernahmen.

Das Leben der Menschen in den Ländern des Vorderen Orient war geprägt von den ständigen kriegerischen Auseinandersetzungen, mit denen die Herrscher der großen Reiche ihren Machtbereich ausdehnen wollten. Nur selten gab es längere Friedensperioden, welche die kulturelle Entwicklung begünstigten und die Blüte großer Stadtstaaten ermöglichten.

120 glasierte Ziegelsteinlöwen säumten einst die Prozessionsstraße nach Babylon.

Das unruhige politische Klima führte dazu, daß viele Menschen nicht dauerhaft an einem Ort siedeln konnten. Entweder mußten sie vor heranrückenden Invasoren fliehen oder wurden im Fall einer Niederlage verschleppt. Massendeportationen waren ein übliches Mittel der Kriegsführung, da sich die Sieger dadurch eine bessere Kontrolle über Gebiete erhofften, in denen Revolten drohten. Darüber hinaus konnten sie die Kräftigsten und Geschicktesten unter den Besiegten bei großen Bauprojekten einsetzen. In die entvölkerten Gebiete wurden gewöhnlich Volksgruppen aus anderen Teilen des Reiches geschickt.

Obwohl die zwangsweise Übersiedlung in eine neue Heimat für die Betroffenen zweifelsohne eine schreckliche Erfahrung war, brachte sie in kultureller Hinsicht auch mancherlei Vorteile. Selbst wenn die eingesessene Bevölkerung den Fremden anfänglich mit Mißtrauen begegnete, kam es doch vielerorts zu einem Verschmelzungsprozeß, der zu einem fruchtbaren Austausch von Ideen und einer Bereicherung des Brauchtums führte. Sargon II. von Assyrien beispielsweise äußerte Ende des 8. Jh. v. Chr. stolz, daß er „Menschen anderer Sprachen aus den vier Himmelsrichtungen" in sein Land gebracht habe, und er wies Lehrer an, die Fremden

„in unseren Bräuchen und im Dienst der Götter und des Königs" zu unterweisen.

Die Israeliten zählten zu den Völkern, die immer wieder Opfer von Verschleppungen großen Stils wurden. Die Bevölkerung des Reiches Israel, das nach König Salomos Tod im Jahr 926 v. Chr. entstanden war, geriet für zwei Jahrhunderte unter die Herrschaft ständig wechselnder Machthaber, bevor die Assyrer 722 v. Chr. einen Teil der Bevölkerung deportierten. Die übrigen Israeliten gingen in den neuangesiedelten Völkerschaften auf. Laut assyrischen Aufzeichnungen mußten über 27 000 Menschen ihre Heimat verlassen, die in der Fremde als „verlorene Stämme" allmählich vergessen wurden.

Das Südreich Juda, das ebenfalls nach Salomos Tod gegründet wurde, konnte zwar dem Ansturm der Assyrer widerstehen, doch nachdem die Babylonier 597 v. Chr. die Reichshauptstadt Jerusalem erobert und zehn Jahre später vollständig zerstört hatten, schlug auch für viele Bewohner Judas die Stunde des Exils. Wie viele Menschen zwangsweise nach Babylon übersiedeln mußten, ist nicht einwandfrei erwiesen, doch es besteht unter den Wissenschaftlern weitgehende Einmütigkeit, daß es sich bei den Verschleppten um die Elite des Landes handelte, die in der alten Heimat schmerzlich vermißt wurde.

Babylon bot dem ungeordneten Trupp judäischer Gefangener, die nach einem von zahlreichen Entbehrungen geprägten, annähernd 1600 km langen Marsch das unbestrittene Zentrum des babylonischen Reiches erreichten, einen atemberaubenden Anblick. Sie näherten sich der Stadt von Norden, zogen weiter am Ufer des Euphrat entlang

Das Ischtartor, eines der Wahrzeichen von Babylon, schmückten Darstellungen von Tieren und Drachen, welche die Götter Adad und Marduk symbolisierten.

Jerusalem

König David und seine Nachfolger verwandelten die
bescheidene Festung in eine bedeutende Hauptstadt.

Um das Jahr 1000 v. Chr. beschloß König David, das zu dieser Zeit von den nichtisraelitischen Jebusitern bewohnte Jerusalem zu seiner neuen Residenz zu machen. Die kleine Stadt schmiegte sich an einen fingerförmigen Vorsprung der judäischen Berge und wurde im Osten von einem tief eingeschnittenen Wasserlauf begrenzt, während im Westen ein weites Tal lag.

Wie es David gelang, die Jebusiterstadt einzunehmen, ist nicht genau bekannt; einige Fachleute vermuten, daß die Israeliten durch ein System von Stollen und Schächten, das von der außerhalb Jerusalems gelegenen Gihonquelle ausging, in den Stadtkern eindrangen.

Da die neue Hauptstadt von König Davids Reich in der Nähe von zahlreichen Karawanenwegen lag, herrschte in den kleinen Gassen und auf dem Markt ein unablässiges Treiben. Händler aus allen Regionen des Vorderen Orient prägten das Bild der Stadt, die vom einen zum anderen Ende gerade einmal 460 m lang war und eine durchschnittliche Breite von nur 90 m aufwies.

Davids Sohn Salomo gelang es, die Größe der Stadt nahezu zu verdreifachen, indem er sie nach Norden ausdehnte und eine kleine Anhöhe eingliederte, die bereits seit uralter Zeit als heilige Erhebung galt. Auf dem Gipfel ließ Salomo eine Plattform anlegen, auf der er seinen Tempel bauen konnte. Im Inneren des aus weißem Kalkstein errichteten Heiligtums strahlte neben überreichen Goldverzierungen glänzendes Zedernholz, das in alttestamentlicher Zeit zu den kostbarsten Materialien zählte.

Die Lücke zwischen dem Tempelgelände und der alten Stadt

Das helle Holz der libanesischen Zedernbäume, die in riesigen Wäldern oberhalb von Tyrus wuchsen, war ein geschätztes Baumaterial, das bei der Errichtung von zahlreichen Palästen verwendet wurde.

wurde zum größten Teil von einem Palastkomplex geschlossen, der aus zahlreichen Prunkgebäuden bestand, bei deren Einrichtung an nichts gespart wurde. Das größte dieser Bauwerke war 15 m hoch und diente als Empfangshalle. Dahinter lag die Säulenhalle, in der Würdenträger darauf warteten, vom König vorgelassen zu werden. Darauf folgte die mit Sandel- und Zedernholz vertäfelte Gerichtshalle, in der sich auch der Thron des Königs und die mit Elfenbeineinlagen verzierten Bänke für die Höflinge befanden. Hinter dem Thronsaal lagen die königlichen Wohnräume, die im Winter ebenso wie die anderen Gebäude von Kohlepfannen beheizt wurden.

Während Salomo in Jerusalem residierte, lebte dort die bescheidene Zahl von etwa 5000 Menschen. Doch schon während der Herrschaft Hiskijas, gegen Ende des 8. Jh. v. Chr., drängten sich rund 25 000 Einwohner auf einer Fläche von ungefähr 50 ha.

Mächtige Mauern umschlossen das langgestreckte Jerusalem, das unter König David und seinen Nachfolgern zum blühenden Reichszentrum heranwuchs. Am höchsten Punkt der Stadt erhob sich der Tempel Salomos.

Dieses Relief, das chaldäische Gefangene zeigt, stammt aus dem Palast des Königs Sanherib in Ninive. In der assyrischen Metropole blühte in biblischer Zeit der Kult der Göttin Ischtar.

KU-BABA: EINE BABYLONISCHE GASTWIRTIN

Ku-Baba führte ein beliebtes Lokal an einer der belebtesten Straßen Babylons, und ihre Angestellten bewirteten eine bunte Gästeschar, die Beamte, Kaufleute, Handwerker und Höflinge ebenso umfaßte wie Prostituierte und allerlei zwielichtiges Gesindel. In Ku-Babas Gasthaus herrschte immer Hochbetrieb, doch in den nächsten Tagen würde der übliche Rummel sich noch verstärken. Die ganze Stadt fieberte nämlich voller Vorfreude auf die Neujahrsfeierlichkeiten hin, die zu den größten Vergnügungen der Babylonier gehörten. Ku-Baba hoffte, daß sie genug frischgebrautes Bier und ausreichende Mengen an süffigem Wein vorrätig hatte, um den Durst ihrer Kunden zu stillen. Wie jedes Jahr würde sie sicher wieder ein hervorragendes Geschäft machen.

Die meiste Zeit des Tages verbrachte Ku-Baba mit ihrer Buchführung, doch sie lief immer wieder hinaus, um die Vorbereitung der Girlanden für das Fest zu überwachen. Gegen Abend kamen ei-

Reicher Girlandenschmuck durfte bei keinem Fest fehlen.

nige Stammgäste, und schon bald hallte die Gaststube von Trinkliedern wider. Die Stimmen wurden immer lauter, und ein alter, nicht mehr ganz nüchterner Soldat versuchte einen Tanz vorzuführen, den er irgendwo einmal gesehen zu haben glaubte.

Als viele Stunden später ein alter Bekannter, der Sterndeuter Hittibel, eintrat, waren nur noch ein

paar unentwegte Gäste da. Ku-Baba freute sich über Hittibels Besuch, denn sie hörte ihm gern zu, wenn er begeistert versuchte, ihr seine Himmelsbeobachtungen zu erklären. Heute jedoch war sie zu müde, um seinen Ausführungen folgen zu können. Während er eine Sternkonstellation beschrieb, dachte sie an die viele Arbeit, die das kommende Fest mit sich brachte.

---

und wurden auf einem stark befestigten Fußweg zwischen mächtigen, blauglasierten Mauern in die Stadt getrieben. Vor ihnen erhob sich das riesige Ischtartor, hinter dem sich die legendäre Stadt der Tempel und Gärten ausbreitete. Die einzigartige mesopotamische Metropole wurde beherrscht von der „Plattform des Himmels und der Erde", einer siebenstufigen, 90 m hohen Zikkurat. Der Blick auf diesen terrassenförmigen Tempelturm, der die Erzählung des biblischen Turmbaus zu Babel inspiriert haben soll, markierte für die staunenden Judäer das Ende einer langen Reise und den Anfang eines neuen Lebens. Vor ihnen lagen Jahrzehnte des Exils, denn erst 538 v.Chr. erlaubte Kyros II. den Deportierten die Rückkehr in die Heimat.

EINE DYNAMISCHE METROPOLE

Während der 43jährigen Herrschaft Nebukadnezars, der 605–562 v.Chr. regierte, erlebte Babylon seinen Höhepunkt als politisches und wirtschaftliches Zentrum. Die Einwohner der Stadt galten als sehr geschäftstüchtig, und ihre finanziellen Aktivitäten wurden durch die Schatzkammern der Tempel und die privaten Banken gefördert, die wagemutigen Kaufleuten umfangreiche Kredite gewährten. Für die Babylonier, die zur Oberschicht gehörten, war der Umgang mit Zahlen eine Selbstverständlichkeit, und sie wendeten ohne große Mühe mathematische Formeln an, um Zinsen zu berechnen oder Konstruktions- und Vermessungsprobleme zu lösen, die bei der Errichtung von Gebäu-

DAS GESCHRIEBENE WORT

In Mesopotamien und im Land des Nil wurden im

4. Jt. v. Chr. die ersten Schriften entwickelt.

Die Griechen nannten die Symbole der kurz vor 3000 v. Chr. erfundenen ägyptischen Bilderschrift Hieroglyphen („heilige Schriftzeichen").

Vor mehr als 5000 Jahren erfanden die Sumerer in Südmesopotamien die Keilschrift und kamen damit den Ägyptern kurz zuvor, die ebenfalls in der zweiten Hälfte des 4. Jt. v. Chr. ein Zeichensystem entwickelten, das die Aufstellung von Inventarlisten und andere Aufzeichnungen bürokratischer Natur erleichterte. Vor der Entstehung dieser ersten Schriften hatten die Menschen im Vorderen Orient verschieden geformte Zählsteine aus Ton verwendet, um Ge-

Diese mit einem Keilschrifttext versehene Tontafel zeigt einen sumerischen König und seinen Mundschenk.

schäfte aller Art zu dokumentieren. Im Lauf der Jahrtausende hatte sich dieses Abrechnungssystem immer mehr verfeinert, und um das Jahr 3300 v. Chr. ritzten die Schreiber mit einem Griffel aus Schilfrohr Symbole für Zahlen und Waren in Tontafeln. Die verschiedenen Elemente einer solchen Abrechnung schrieb man in Felder, die durch Linien voneinander abgegrenzt wurden.

Die Keilschrift umfaßte neben vielen abstrakten Zeichen, welche für bestimmte Worte standen, Abbildungen von konkreten Objekten und wohl auch Abbilder der früher verwendeten Tonmarken. Wörter, die ähnlich oder gleich lauteten, wurden durch dasselbe Zeichen dargestellt. Durch die Verbindung von meh-

reren Zeichen wurden neue Worte gebildet; so entstand etwa durch die Kombination der Symbole für Mund und Wasser das Wort „trinken".

Im Lauf der Jahrhunderte entwickelte sich die Keilschrift, die ihren Namen den keilförmigen Eindrücken des Rohrgriffels verdankt, von einer reinen Wortschrift zu einer Silbenlautschrift. Nachdem ursprünglich alle Zeichen Begriffe bzw. Wörter darstellten, erkannte man später, daß sich die Wörter in Silben zerlegen lassen, die genauso oder ähnlich wie Wörter klingen. Auf das Deutsche übertragen, würde dies bedeuten, daß man das Wort „sauber" durch die Zeichen für „Sau" und „Bär" darstellen könnte.

Im 2. und 1. Jt. v. Chr. konnten die Schreiber aus einem Zeichenvorrat schöpfen, der insgesamt rund 600 Symbole umfaßte. Ein schriftkundiger Altbabylonier kam allerdings schon mit ungefähr 120 Silbenzeichen aus, wenn er alle Wörter des Akkadischen darstellen wollte. Dennoch beherrschten nur wenige Männer und teilweise auch einige Frauen die Kunst des Schreibens.

Einen Wendepunkt in der Entwicklung der Schrift brachte die wohl unter ägyptischem Einfluß stehende Erfindung des Alphabets im Süden Palästinas, die wahrscheinlich in das zweite Viertel des 2. Jt. v. Chr. datiert werden kann. Das Ur-Alphabet hatte mindestens 22 Zeichen, von denen jedes einen einzigen Konsonanten repräsentierte. Diese Vereinfachung führte dazu, daß die Schriftsprache einem größeren Teil der Bevölkerung zugänglich wurde.

Diese „Briefe" diktierte ein phönizischer Prinz um das Jahr 1370 v. Chr. seinem Schreiber.

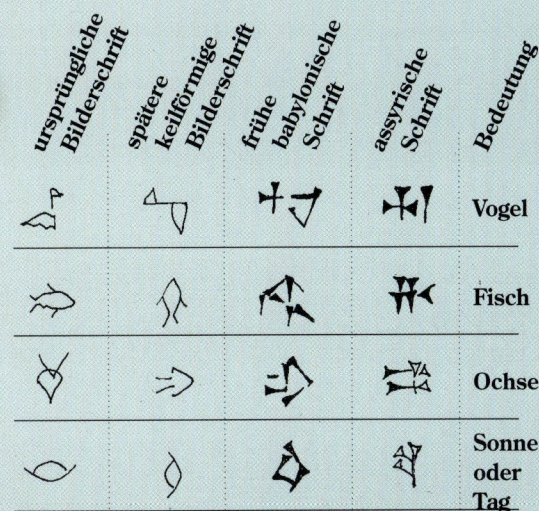

ursprüngliche Bilderschrift	spätere keilförmige Bilderschrift	frühe babylonische Schrift	assyrische Schrift	Bedeutung
				Vogel
				Fisch
				Ochse
				Sonne oder Tag

Von links nach rechts kann man die Entwicklung der frühen, in Südmesopotamien entstandenen Bilderschrift der Sumerer (4. Jt. v. Chr.) bis hin zu einer stark abstrahierenden Form der Keilschrift (Anfang des 2. Jt. v. Chr.) verfolgen. In der zweiten und dritten Spalte erkennt man eine auf den Beginn des 3. Jt. v. Chr. zu datierende Zwischenform der Bilderschrift, bei der die Symbole um 90° gedreht wurden, und eine frühe Form der Keilschrift.

In Ugarit, einer Hafenstadt an der Mittelmeerküste, wurde nach dem Vorbild des kanaanitischen Alphabets in der zweiten Hälfte des 2. Jt. v. Chr. ein Alphabet mit insgesamt 27 keilförmigen Zeichen entwickelt. Anders als das frühkanaanitische Zeichensystem hatte es jedoch keinen Vorbildcharakter für andere Völker.

Eine wesentliche Rolle bei der Weiterentwicklung und Vereinfachung des Alphabets können die Phönizier beanspruchen, die durch die Gründung von Kolonien auch für dessen Verbreitung bis an die nordafrikanische Küste sorgten.

Für weitere bedeutende Entwicklungsschritte waren die Griechen verantwortlich. Sie erweiterten das System der Phönizier u. a. um fünf Zeichen, damit auch Laute, die man in den semitischen Sprachen nicht kannte, dargestellt werden konnten.

Weitere Abwandlungen des Alphabets, die schließlich zu der uns heute bekannten Form führten, wurden in Italien vorgenommen, wo die Griechen eine Vielzahl bedeutender Kolonien gegründet hatten. Die Etrusker und später die Römer schafften einige Buchstaben ab und fügten neue (u. a. das „G") hinzu. Durch die Ausdehnung des Imperium Romanum gelangte das römische Alphabet auch bis nach Nordeuropa, wo im Lauf der Jahrhunderte noch einige kleine Veränderungen vorgenommen wurden.

Zwei assyrische Beamte listen sorgfältig die üppige Beute aus einem erfolgreichen Feldzug auf.

den oder der Anlage von Bewässerungssystemen auftraten. Die Mathematik diente jedoch nicht nur zur Bewältigung einer Vielzahl von praktischen Aufgaben, sondern erleichterte auch den Astronomen ihre Berechnungen, bei denen sich die Ergebnisse langjähriger Beobachtungen mit gewagten Spekulationen verbanden.

Babylons herausragende Stellung hing eng zusammen mit seiner begünstigten Lage in einem fruchtbaren Gebiet und seiner Rolle als Knotenpunkt wichtiger Handelsrouten. In den Flußhäfen der Stadt pulsierte das Leben, und die Vorratskammern waren prall gefüllt mit Getreide, Wolle und anderen Produkten. An Arbeit gab es keinen Mangel, denn überall galt es, etwas neu zu konstruieren, auszubessern oder abzureißen, um Platz für großzügigere und prächtigere Bauten zu schaffen. Ständig waren Arbeitergruppen damit beschäftigt, die Bewässerungskanäle für die Felder der Bauern und die Schiffahrtswege, die den Euphrat mit dem Tigris verbanden, von Schlick und Gräsern zu reinigen. Stromaufwärts garantierte ein künstlich angelegtes Reservoir die Wasserversorgung der Stadt.

Schattige Grundstücke, die sich in Familienbesitz befanden, verliehen mit ihren Palmen und Obstbäumen einigen Vierteln Babylons ein ländliches Aussehen. Andere Stadtteile waren erfüllt vom lauten Palaver der Händler und einer Vielzahl von unterschiedlichen Geräuschen, die keinerlei Zweifel daran ließen, ob man sich im Viertel der geschäftigen Metallarbeiter, der fleißigen Zimmerleute oder der kräftigen Schmiede befand. So wie es überall eine typische Geräuschkulisse gab, so war jeder Bezirk der mesopotamischen Metropole auch an seinem charakteristischen Geruch zu erkennen. In einem Winkel der Stadt stank es nach Gerberlohe oder Farbe, in einem anderen stieg

Auf diesem babylonischen „Grenzstein", der ein erfolgreiches Geschäft dokumentiert, sind neben anderen Motiven göttliche Symbole wie der achtzackige Stern Ischtars eingeritzt.

den Passanten der Rauch der von den Schmieden benutzten Holzkohleöfen in die Nase, und in einem weiteren konnte man sich nicht dem Geruch der Öfen entziehen, in denen das Glas geschmolzen wurde, das von erfahrenen Kunsthandwerkern in farbenprächtige und phantasievoll geformte Schöpfungen verwandelt wurde. Die Arbeiter und Handwerker, deren Fleiß und Geschicklichkeit zum Aufschwung Babylons beitrugen, waren je nach Zugehörigkeit zu einem bestimmten Gewerbezweig in Verbänden organisiert, deren Mitglieder ein sehr enges Zusammengehörigkeitsgefühl entwickelten. Die Tradition verlangte es, daß ein Sohn das Handwerk seines Vaters erlernte, so daß die familiären Bindungen durch die Ausübung eines gemeinsamen Berufes noch verstärkt wurden.

DIE STADT NEBUKADNEZARS

„Ich liebe Babylon wie meinen Augapfel", schrieb Nebukadnezar, und er wurde nicht müde, der Reichshauptstadt seinen Stempel aufzudrücken. Der mächtige Herrscher ließ die Verteidigungsanlagen in großem Stil ausbauen, befahl die Restaurierung der großen Zikkurat und richtete sogar ein Nationalmuseum ein. Am Ende seiner Regierungszeit hatte die Stadt am Ostufer des Euphrat ein völlig neues Gesicht bekommen.

Als erfahrener Kriegsherr wußte Nebukadnezar um die Bedeutung mächtiger Wehrbauten. Aus diesem Grund schützten eine fast 10 km lange, dreifache Mauer und ein tiefer Graben die mesopotamische Metropole. Auf dieses Verteidigungssystem folgten eine weitere Mauer und ein zweiter Graben, die das eigentliche Stadtzentrum umschlossen. Die Kernstadt wurde durch eine Brücke über den Euphrat mit der „neuen Stadt" am Westufer verbunden, die ebenfalls von Mauern und Gräben umgeben war. Wie in Ninive, der Stadt des assyrischen Herrschers Sanherib, hatte man auch die Straßen Babylons in einer Art Gittermuster angelegt, was den damaligen städtebaulichen Traditionen zuwiderlief. Die Hauptstraße hieß „Straße des Sieges", während andere häufig die Namen von Göttern wie Marduk oder Sin trugen.

Wie die meisten Großstädte der antiken Welt besaß Babylon eine buntgemischte Bevölkerung. Neben den Judäern, die man aus ihrer Heimat verschleppt hatte, lebten Chaldäer, Elamiter, Assyrer,

KURZER PROZESS

Gestürzte Machthaber: Ein Relief zeigt elamitische Könige, die als Diener am Hof von Ninive arbeiten.

Nach kriegerischen Auseinandersetzungen wurden im Vorderen Orient die Mitglieder der Königsfamilien häufig von den siegreichen Eroberern verschleppt und als Geiseln gehalten. Normalerweise wurden sie gut behandelt, doch eine Veränderung des politischen Klimas konnte ihr Schicksal besiegeln. Beispielsweise übermittelte Schamschi-Adad, ein assyrischer König, um das Jahr 1780 v. Chr. seinem Sohn Yasmah-Adad, der den Vasallenstaat Mari regierte, folgende Botschaft: „Ich hatte dir gesagt, du sollst die Söhne von Vilanum bei dir behalten, weil ich die Möglichkeit sah, daß du vielleicht einen Vertrag mit ihnen schließen kannst. Nun, da ich sicher bin, daß es nie dazu kommen wird, lasse sie gefangennehmen und noch in derselben Nacht hinrichten. Ich will nicht das geringste Aufheben und keine Trauerfeierlichkeiten. Bereitet einfach nur ihre Gräber vor, tötet sie und begrabt sie."

Phönizier, Aramäer, Philister und Ägypter in der mesopotamischen Metropole.

Innerhalb der Bevölkerung gab es große soziale Unterschiede, die jedoch nicht zwangsläufig damit zusammenhingen, ob ein Stadtbewohner frei war oder als Sklave diente. So lebten Sklaven, die das Glück hatten, in wohlhabenden Haushalten zu arbeiten, oft sehr viel besser als die Mitglieder einer freien Familie, deren Schicksal von der Armut bestimmt wurde.

HANDEL UND WANDEL

Die Kaufleute des Nahen Ostens handelten mit allen erdenklichen Waren – die Palette reichte von Bauholz über gefärbte Stoffe und Lapislazuli bis hin zu Sklaven. Esel oder Kamele transportierten die Güter über Land, während robuste Handelsschiffe Flüsse und Meere befuhren.

Schon lange vor der Zeit der biblischen Patriarchen Anfang des 2. Jt. v. Chr. zogen sich durch den Vorderen Orient zahlreiche Handelsrouten, von denen viele über dessen Grenzen hinaus reichten. Von mesopotamischen Städten wie Ur, Ninive und Babylon führten sie strahlenförmig entlang den Nebenflüssen des Tigris hinauf bis nach Afghanistan; andere erstreckten sich vom Persischen Golf hinunter bis Arabien oder folgten dem Lauf des Euphrat bis nach Kleinasien, und schließlich gab es Handelswege, die von Mesopotamien durch die östlichen Mittelmeerländer bis nach Ägypten reichten.

Einige der zahlreichen Dokumente, die uns Aufschluß über den Handel im 3. Jt. v. Chr. geben, stammen aus der Zeit des Königs Sargon, dessen mesopotamisches Großreich seinen Mittelpunkt um das Jahr 2300 v. Chr. in Akkad hatte. Dieser geschäftige Flußhafen zählte zu den wichtigsten Handelszentren, wo eine bunte Vielfalt von Gütern ausgetauscht wurde, die teilweise sogar aus Indien oder Oman kam. Es gab eine Reihe von Zwischenhandelsplätzen, wobei besonders das Land Dilmun eine wichtige Rolle spielte. Es umfaßte neben dem heutigen Bahrain auch die am Nordende des gleichnami-

Prinzen aus dem Libanon fällen Zedernbäume, die als Tribut für den ägyptischen Herrscher bestimmt sind (Relief aus dem oberägyptischen Karnak).

gen Golfes gelegene Insel Falaika. Dilmun war ein Basar für so verschiedenartige Produkte wie Elfenbein und Korallen, Kupfer- und Bronzegefäße, Augenschminke, Gewürze, Salben und sogar lebende Handelsgüter wie Affen. In Mesopotamien hatte das Land einen geradezu legendären Ruf und wurde in den einheimischen Volksmärchen mit dem Paradies gleichgesetzt.

HOLZTRANSPORTE UND ESELSKARAWANEN

Zu den wichtigsten Handelsgütern gehörten Baumstämme, die man aus den umliegenden Gebirgsländern importierte und auf dem Euphrat und anderen Wasserwegen beförderte. Sie wurden zu Flößen zusammengebunden und dienten nicht nur als Ware, sondern auch als Transportmittel. Auf den Landrouten leisteten Ochsenkarren wertvolle Hilfe, wenn die Strecken kurz waren und sich – was nur selten vorkam – in gutem Zustand befanden. Für weite Reisen erwiesen sich die schwerfälligen Ochsen jedoch als untauglich. Wesentlich besser eigneten sich Esel. Diese zähen Tiere konnten Lasten von fast 2 Zentnern tragen und waren in der Lage, täglich Strecken von mehr als 20 km zurückzulegen.

Die Handelswege wanden sich durch die Landschaft, wobei sie sich den natürlichen Gegebenheiten anpaßten. Wüsten stellten oft unüberwindliche Hindernisse dar, die lange Umwege von mehreren hundert Kilometern notwendig machten. Unter solchen Bedingungen gute Geschäfte zu machen, war ein außerordentlich schwieriges Unterfangen. Neben sicheren und zuverlässigen Transportmitteln benötigte ein Kaufmann vertrauenswürdige Agenten. Diese Männer reisten in seinem Auftrag und mußten nach der Handelsexpedition den erzielten Gewinn abzüglich der Spesen bei ihm abliefern. Der Kaufmann hatte nur dann einen Verlust zu beklagen, wenn der Agent überfallen und ausgeraubt wurde.

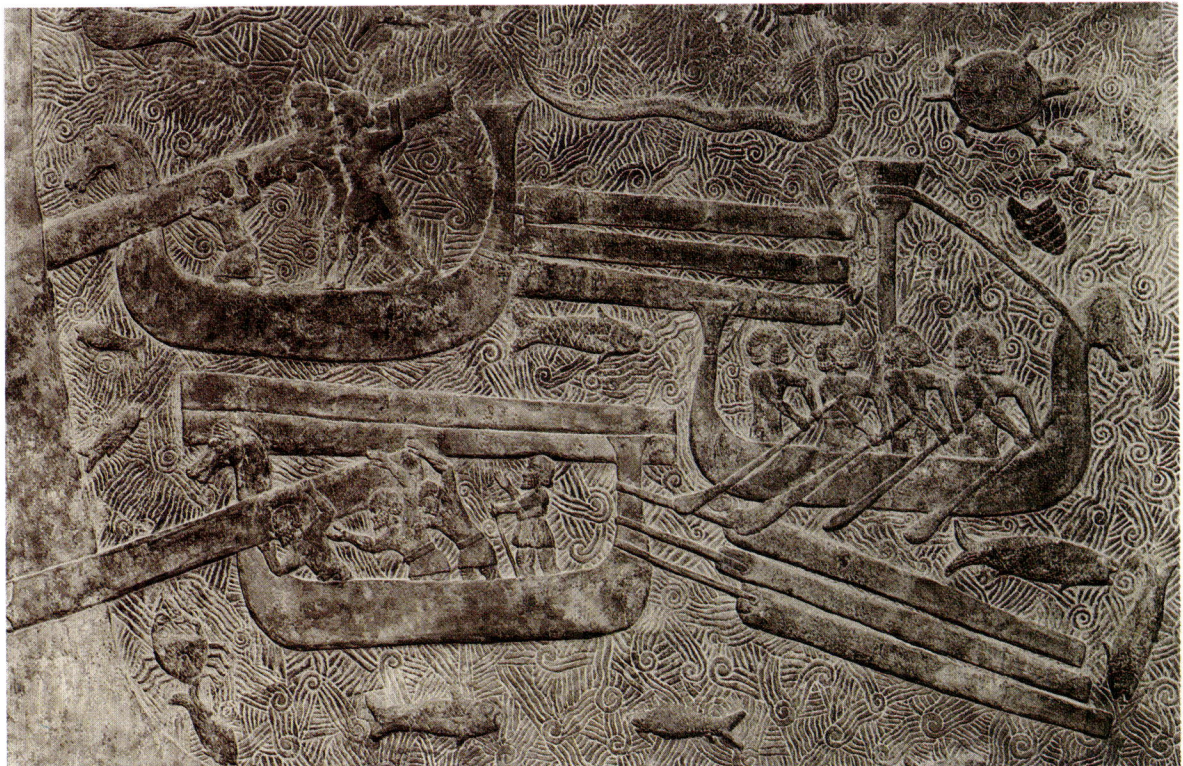

Holz war in Mesopotamien ein bedeutendes Handelsgut, das meist auf den großen Flüssen wie dem Euphrat und dem Tigris transportiert wurde (assyrisches Relief).

Auf einer Handelsreise war es von großem Vorteil, wenn die Geschäftsleute gute Kontakte zu den Königshäusern der Länder hatten, die sie bereisten. Häufig arbeiteten die Kaufleute nämlich im Auftrag von Herrschern, und nicht selten begleiteten königliche Boten die Händler, um ein sicheres Fortkommen zu gewährleisten. Dennoch kam es häufig zu Überfällen, bei denen die Handelsreisenden ihre Waren und manchmal sogar ihr Leben verloren.

Anfangs wurde der Handel von den staatlichen Behörden kontrolliert, doch bereits in der ersten Hälfte des 2. Jt. v. Chr. existierten in Mesopotamien private Unternehmen, die sich in Familienbesitz

Ochsenkarren leisteten bei Kurzstreckentransporten gute Dienste, während sie für längere Reisen ungeeignet waren (Bronzemodell, 12. Jh. v. Chr.).

befanden und Niederlassungen im Ausland unterhielten. Die Privatunternehmer verfügten teilweise über erhebliches Kapital, das sie gegen hohe Zinssätze an notleidende Bauern oder Handwerker verliehen. Wenn sich die wirtschaftliche Lage der Darlehensempfänger nicht rasch besserte, gerieten sie häufig an den Rand des Ruins und mußten sich im schlimmsten Fall sogar mitsamt ihrer Familie an den Geldgeber verkaufen.

MARI – HANDELSZENTRUM AM MITTLEREN EUPHRAT

Eines der bedeutendsten Handelszentren Mesopotamiens war die Stadt Mari, die von ihrer günstigen Lage am mittleren Euphrat profitierte, bis sie Anfang des 17. Jh. v. Chr. von dem babylonischen König Hammurabi zerstört wurde. Wertvolle Informationen zu den Handelsbeziehungen Maris übermitteln Tontafeln, die Archäologen bei Ausgrabungen in der im heutigen Ostsyrien gelegenen Ruinenstätte Tall Hariri, dem ehemaligen Mari, fanden. Sie dokumentieren einerseits die Kontakte Maris zu vielen Städten in Mesopotamien, weisen aber auch auf Beziehungen zu Handelsplätzen in Palästina, Anatolien sowie auf Zypern und Kreta hin.

Im Hafen der phönizischen Handelsmetropole Tyrus herrscht ein geschäftiges Treiben.

In Mari kreuzten sich zahlreiche Handelsrouten, von denen besonders die Wege in assyrisches Gebiet sowie nach Syrien und an die Mittelmeerküste eine wesentliche Rolle spielten. Eines der wichtigsten Handelsgüter für Mari war Zinn, das durch die zunehmende Bedeutung der Bronzeverarbeitung zu einem kostbaren Gut wurde, da es als Legierungsmittel diente. Neben dem Zinn zählten Kupfer, das vermutlich vorwiegend aus Zypern geliefert wurde, und Holz aus dem nördlichen Teil Syriens zu den Handelswaren, die Anteil am wirtschaftlichen Erfolg Maris hatten.

Ein Großteil der Einnahmen aus den Geschäften, die Kaufleute und Zwischenhändler tätigten, floß in die Schatzkammern des Palastes. Im Auftrag des Herrschers kontrollierte ein oberster Finanzbeamter alle Händler, deren Waren ihren Weg über Mari nahmen. In seiner Verantwortung lag auch das Zollwesen, das ebenfalls die Kassen des Königshauses füllte oder örtliche Fürsten bereicherte. Wer nicht bereit war, für den Transport seiner Waren auf dem Euphrat Gebühren zu entrichten, wurde ebenso an der Weiterreise gehindert wie Kaufleute, die im Auftrag feindlicher Regenten Geschäfte abwickelten.

Israelitische Dorfbewohner hocken im Schatten eines Baumes und tauschen mit einem Fremden verschiedene Waren, beispielsweise Perlen oder Statuetten.

KLEINE „GESCHENKE" ERHALTEN DIE FREUNDSCHAFT

Eine weitverbreitete Form des Handels im Vorderen Orient waren die Tauschgeschäfte zwischen Königen, wobei die Waren, welche die Herrscher sich zusandten, als „Geschenke" galten. Dabei wurde allerdings sehr genau darauf geachtet, daß die jeweiligen Gaben einen vergleichbaren Wert hatten, um den „Handelspartner" nicht zu verärgern. Der Geschenkaustausch, den die Herrscherhäuser des Nahen Ostens betrieben, diente nämlich nicht zuletzt auch zur Festigung der zwischenstaatlichen Beziehungen, die beim Ausbleiben erwarteter Geschenke Schaden nehmen konnten.

Zu den königlichen Handelspartnern, mit denen die mesopotamischen Herrscher Waren austauschten, zählten auch die ägyptischen Pharaonen. Eine Lieferung von Pharao Akhenaton an einen babylo-

nischen König um das Jahr 1370 v. Chr. bestand aus über 300 Geschenken: von Sesseln, die mit Elfenbein und Gold verziert waren, über Betten bis hin zu Streitwagen, deren Goldgehalt insgesamt eine halbe Tonne betrug. In einem Begleitschreiben war nicht nur das beim Bau der Streitwagen verarbeitete Gold, sondern auch der Goldanteil aller anderen Waren dokumentiert. Der König stellte jedoch fest, daß die Geschenke weniger Gold enthielten, als der Pharao behauptet hatte. Um den ägyptischen Herrscher nicht über Gebühr zu verärgern, antwortete er ihm mit einem diplomatischen Schreiben, in dem er die Vermutung äußerte, daß jemand die Sendung ohne Wissen des Pharao manipuliert habe: „Mein Bruder möge persönlich ein wachsames Auge auf das Gold haben, das er verschickt. Er möge es versiegeln und persönlich absenden." Mit diesem Brief schickte er eine geringe Menge Lapislazuli und einige Pferde „als kleines vorläufiges Geschenk". Als Entschuldigung für den geringen Wert dieser Lieferung führte er Gefahren an, die seine Boten auf dem Weg nach Ägypten bedrohten. Darüber hinaus versuchte er den Pharao mit dem Versprechen zu beschwichtigen, ihm später „viele schöne Geschenke" zu schicken.

Handel in Israel

Obwohl Israel nur ein kleines Land war und im Mächtespiel der vorderorientalischen Staaten nur eine unbedeutende Rolle spielte, hatte es einen festen Platz im Wirtschaftsleben des Nahen Ostens. Diesen verdankte es nicht zuletzt seiner verkehrsgünstigen Lage und der Kontrolle über wichtige Handelsrouten. Die Straße am Meer führte von Ägypten

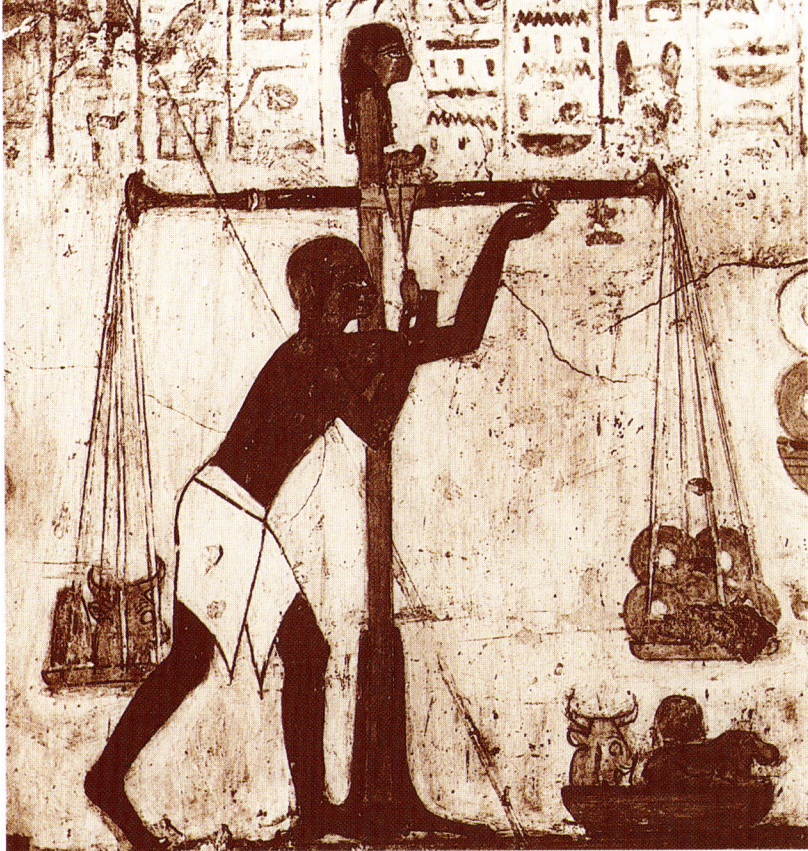

Sorgfältig wiegt ein Ägypter Gold, das besonders die mesopotamischen Herrscher als „brüderliches Geschenk" der Pharaonen zu schätzen wußten.

entlang der Mittelmeerküste ins Landesinnere über den strategisch wichtigen Megiddo-Paß und gabelte sich dann. Eine Route ging nach Nordwesten zur phönizischen Küste und nach Anatolien, während die andere über Damaskus bis nach Babylon reichte. Die Königsstraße, die zweite Hauptverkehrsader, erstreckte sich südlich von Damaskus durch Ammon, Moab und Edom ins heutige Jordanien bis zum oberen Ende des Roten Meeres; dies war die Route, welche die Weihrauchkarawanen aus Südarabien nahmen.

Zu den erfolgreichsten „Unternehmern" in der biblischen Zeit

Ein Schmied aus dem kanaanitischen Ugarit schuf diesen Kopf, der vermutlich als Gewicht für eine Waage diente.

gehörte König Salomo, der u. a. mit Pferden und Streitwagen handelte. Die wertvollen Streitwagen importierte er aus Ägypten, während die Hengste, die er gegen die wehrhaften Wagen tauschte, aus dem Süden der Türkei stammten. Der Wechselkurs betrug vier Pferde für einen Streitwagen.

Enge wirtschaftliche Kontakte unterhielt Salomo auch zum sagenhaften Königreich Saba, das nach Ansicht vieler Gelehrter auf dem Gebiet des heutigen Jemen oder in seiner Nähe lag. Handelsstraßen, die nach Syrien, Kleinasien, Mesopotamien und Ägypten führten, durchzogen das Reich der Königin von Saba, die sicher Interesse an guten Beziehungen zu Salomo hatte, weil dieser einen wichtigen Teil der nach Norden führenden Handelsroute kontrollierte.

In der Bibel wird geschildert, wie sich die Königin von Saba, begleitet von zahlreichem Gefolge, auf den Weg nach Israel macht, um König Salomo ihre Aufwartung zu machen. Sie überreicht dem Herrscher wertvolle Geschenke, darunter „85 Zentner Gold, eine Menge duftende Öle und viele Edel-

Die Königsstraße, die von Damaskus zum Roten Meer führte, war eine wichtige Handelsroute, auf der zahlreiche Karawanen eine Vielzahl unterschiedlicher Waren transportierten.

steine. Nie wieder gelangte so viel kostbares Öl nach Jerusalem wie damals." Diese wertvollen Gaben blieben nicht ohne die in der Geschenkdiplomatie des Nahen Ostens übliche Gegenleistung, denn „Salomo erfüllte der Königin von Saba jeden ihrer Wünsche und beschenkte sie darüber hinaus so reich, wie nur er es konnte. Danach kehrte die Königin mit ihrem Gefolge wieder in ihr Land zurück" (1. Könige 10, 13).

Zu den Handelspartnern Salomos gehörten auch die Phönizier. In seinem Auftrag rüstete dieses Seefahrervolk eine Flotte aus, die der Bibel zufolge in das Land Ofir reiste, um dort Geschäfte zu tätigen. Aus dem legendären Ofir, dessen genaue Lage

Ein assyrischer Stallbursche führt zwei Pferde aus.

nicht bekannt ist, brachten sie zahlreiche Waren mit, neben Gold, Silber, Edelsteinen und tropischen Hölzern auch Tiere wie Papageien und Affen.

Die guten Beziehungen zu den Phöniziern und deren König Hiram von Tyrus kamen Salomo auch bei der Verwirklichung seiner zahlreichen großen Bauvorhaben zugute. Im Tausch gegen umfangreiche Weizen- und Öllieferungen bezog der israelitische Herrscher große Mengen von Zedern- und Zypressenholz. Darüber hinaus beschäftigte Salomo auch viele phönizische Baumeister und Handwerker wie Maurer und Zimmermänner.

GESCHICKTE KAUFLEUTE

Die Phönizier waren nicht nur sehr gute Handwerksleute, sondern beherrschten auch die Kunst der Diplomatie. Sie schmiedeten Bündnisse mit den bedeutenden Mächten des Nahen Ostens, was ihnen den Aufstieg zu einer erfolgreichen Seefahrer- und Handelsnation erleichterte. Ihre Machtbasis bildeten einige auf dem Gebiet des heutigen Libanon gelegene Hafenstädte. In den Bergen, welche die Küste begrenzten, wuchsen die Bäume, deren Holz neben dem aus Meeresschnecken gewonnenen Purpurfarbstoff zu ihren wertvollsten Handelswaren gehörte.

Die Phönizier hatten ein ausgezeichnetes Gespür für den Markt und wußten die besonderen Bedürfnisse ihrer Handelspartner immer wunschgemäß

DIE ERSTEN MÜNZEN

Die frühesten Münzen wurden im 7. Jh. v. Chr. im Mittelmeergebiet gefunden, und aus dem gleichen Jahrhundert stammt eine Inschrift, die verdeutlicht, daß man bereits unter dem berühmten assyrischen König Sanherib (704 bis 681 v. Chr.) Bronzestücke in Tonformen goß.

Einige Autoren der Antike sehen in Lydien, einem kleinen Königreich im Norden der heutigen Türkei, den Ursprungsort der ersten Münzen. Geprägt wurden sie aus Elektron, einer natürlichen Gold- und Silberlegierung, die man im Flußsand fand. Im 7. Jh. v. Chr. stempelten die Lyder einheitliche Elektronstücke mit einem königlichen Siegel und machten es zu einem offiziellen Zahlungsmittel. Um 550 v. Chr. kamen unter König Krösus von Lydien, dessen Name noch heute mit der Vorstellung von immensem Reichtum verbunden ist, die ersten Silber- und Goldmünzen in Umlauf. Dabei galt ein Umtauschkurs von 20 Silbermünzen für eine Goldmünze. Nachdem Lydien im Jahr 546 v. Chr. an die Perser fiel, übernahmen die Eroberer das lydische Währungssystem für ihr ganzes Reich. Seit 512 v. Chr. gab Darius der Große Gold- und Silbermünzen mit einem Bildnis von ihm heraus.

Obwohl sich Münzen erst im Verlauf des 1. Jt. v. Chr. als allgemein verbreitetes Zahlungsmittel durchsetzten, nutzten die Menschen bereits lange vor der Einführung der Münzwährung Silber, Gold sowie Kupfer in den unterschiedlichsten Gewichtseinheiten als Zahlungsmittel und maßen an ihnen den Wert von Vieh, Getreide und anderen Gütern. Um den Wert der Metalle festzustellen, mußte man mit Waagen ihr Gewicht messen.

Dieser halbe Silberschekel stammt aus der phönizischen Stadt Sidon.

sen. Dabei waren Betrügereien an der Tagesordnung, denn es gab vielfältige Möglichkeiten, die Waagen oder die verwendeten Gewichte zu manipulieren. Darüber hinaus stellte es ein großes Problem dar, den Reinheitsgehalt der jeweiligen Metalle genau zu ermitteln. Bei einem Handel verständigte man sich vorher häufig auf einen bestimmten Berechnungsstandard, was bedeutete, daß man sich an einem einheitlichen Gewichtsmaß orientierte. In den Tempeln der verschiedenen nahöstlichen Städte wurden nämlich häufig unterschiedliche Gewichte verwendet, so daß eine genaue Vereinbarung zwischen den Handelspartnern notwendig war.

In vielen Gebieten des Nahen Ostens gab es eine vermeintlich einheitliche Währung, den Schekel. Tatsächlich war dessen Wert jedoch von Staat zu Staat unterschiedlich. Der israelitische Schekel beispielsweise wog etwa 11g. 60 Schekel waren eine Mina, und 3600 Schekel hatten den Wert von einem Talent, was ungefähr 34 kg entsprach.

Für den Kurzstreckenhandel bauten die Phönizier gedrungene Schiffe mit großem Fassungsvermögen. Um sie wasserdicht zu machen, wurden sie mit Pech bestrichen, woher ihre typische Schwarzfärbung rührte.

von den Phöniziern benutzte Anlegestellen konnten Archäologen im Mittelmeer und im Schwarzen Meer identifizieren.

Eine der größten Gefahren auf Reisen war das allgegenwärtige Piratentum. Auf allen Handelsschiffen der Phönizier fuhren daher immer einige schwerbewaffnete Soldaten mit, die die Besatzung schützen sollten.

Für längere Reisen entwickelten die Phönizier ein schlankes Schiff mit einem vorstehenden Bug, der in Notfällen als Ramme die-

zu befriedigen, so daß die Kassen der geschickten Kaufleute stets gefüllt waren. Die Höfe der Israeliten, Aramäer und Syrer versorgten sie mit geschnitztem Elfenbein, den Ägyptern lieferten sie Särge, und zahlreiche Länder ließen sich von den Phöniziern Schiffe bauen. Darüber hinaus handelten die Phönizier mit kostbaren Stoffen sowie mit Waren, die Kunsthandwerker aus Gold, Silber oder Bronze gefertigt hatten.

Von allen phönizischen Hafenstädten besaß Tyrus die beste Lage. Die sichere Inselbastion lag mehrere hundert Meter vor der Küste und hatte zwei Häfen. Die Bevölkerung – an die 50 000 Menschen – lebte dichtgedrängt in einer der ältesten Siedlungen der Menschheit, deren hervorragendes Wasserversorgungssystem einen besonderen Ruf genoß. Obwohl Tyrus mit anderen phönizischen Stadtstaaten wie Byblos und Sidon einen losen Bund geknüpft hatte, bestand unter den einzelnen Partnern des Bündnisses eine ständige Konkurrenz, die zu vermehrten Anstrengungen aller Beteiligten und damit letztlich zu größerem wirtschaftlichem Erfolg führte.

Da sie weder Kompaß noch Seekarten besaßen, reisten die Phönizier nach Möglichkeit bei Tageslicht, wobei sie sich in Küstennähe an Berggipfeln und ansonsten am Lauf der Sonne orientierten. In der Nacht oder bei Sturm warfen sie den Anker oder fuhren an den Strand. Mehr als 100 vermutlich

nen konnte. Es verfügte über zwei Reihen mit Rudern und einen kurzen Mast mit einem quadratischen Segel. Für den näheren Küstenhandel setzte man kürzere Schiffe ein, die dennoch ein großes Fassungsvermögen besaßen.

NICHT NUR ZU WASSER
Die Phönizier dehnten ihr Handelsreich rasch aus und hatten Anfang des 1. Jt. v. Chr. Stützpunkte auf Sizilien, Sardinien und Zypern sowie in Spanien und Afrika geschaffen. Der wirtschaftliche Erfolg der Phönizier zeigte die großen Möglichkeiten, die im Seehandel lagen. Andererseits nahm auch der Han-

DER KODEX DER KURIERE
Den ersten Eilbotenservice der Welt gab es im alten Persien. Berittene Kuriere jagten über die Straßen des Reiches und wechselten alle 24 km die Pferde, fast wie 2500 Jahre später der amerikanische Ponyexpreß. „Nichts hält diese Kuriere davon ab, die ihnen zugewiesene Strecke so schnell wie möglich zurückzulegen – weder Schnee noch Regen, Hitze oder Dunkelheit", schrieb der griechische Historiker Herodot. Eine Inschrift am Hauptpostamt der Weltmetropole New York greift diese Worte auf: „Weder Schnee noch Regen, Hitze oder dunkle Nacht hält diese Kuriere von der raschen Erledigung der Runde ab, für die sie zuständig sind."

„DIEBE HABEN DIR DIE KLEIDER GESTOHLEN"

Das Reisen in biblischer Zeit war mit zahlreichen Gefahren verbunden, wie ein Papyrusmanuskript, das um 1200 v. Chr. entstand, auf amüsante Weise festhält. Es berichtet über die abenteuerliche Reise eines Ägypters in die israelitische Stadt Joppe.

Voller Tatendrang macht sich der Ägypter auf den Weg, den Kopf voller guter Ratschläge, wie man die Gefahren am besten meiden könne. Doch bereits nach dem ersten Reisetag ist seine Zuversicht verflogen: „Du hältst an, um Nachtruhe zu halten – zerschlagen, durchgeschüttelt und mit schmerzenden Gliedern. Du erwachst schon früh und stellst fest, daß du allein bist. Diebe haben dir die Kleider gestohlen, und dein Stallbursche ist mit dem Rest deiner Habe geflohen."

Der Ägypter kämpft gegen die aufkommende Panik an und zieht weiter, bis er an eine dichtbewaldete Schlucht kommt. Er schätzt ihre Tiefe auf über 1200 m und stellt sich vor, daß es darin vor Banditen nur so wimmelt: „Du beschließt, weiterzugehen – du zitterst, die Haare stehen dir zu Berge und das Herz klopft dir bis zum Hals. Der Weg ist voller Gestrüpp und so abschüssig, daß der Wagen ganz schief liegt. Nach der Hälfte des Weges mußt du das Geschirr des Pferdes lösen und reparieren: obwohl du gar nicht weißt, wie man das richtig macht. Danach läßt du dein Pferd traben, und schließlich öffnet sich der Wald. Du siehst den Himmel wieder und bist in freier Land-

schaft, doch schon wieder packt dich das Zittern, denn nun bist du ohne Deckung und sehnst dich zurück nach den Büschen."

Der unglückliche Kurier erreicht schließlich die Vororte von Joppe, sein Ziel an der Mittelmeerküste, wo die Wiesen voller Blumen stehen und er ein hübsches Mädchen trifft: „Sie heißt dich willkommen und macht dich glücklich, doch dann werdet ihr beide erwischt und man zwingt dich, dein

Hemd aus bestem ägyptischem Leinen abzugeben. Du bist erschöpft und fällst in tiefen Schlaf. Dann stehlen sie dir den Bogen, deinen Dolch und deinen Köcher. Dein Pferd jagt über schlüpfrigen Boden und zertrümmert den Wagen. ‚Ich bin sicher angekommen', berichtest du im Hauptquartier, ‚gebt mir Speise und Wasser.' Doch niemand scheint dich zu hören oder auch nur im geringsten Notiz von deiner Geschichte zu nehmen."

Skrupellose Diebe, welche die Waffen eines arglosen Reisenden entwendet haben, suchen in aller Eile das Weite.

Von emsigen Ruderern angetriebene Galeeren waren für weite Reisen hervorragend geeignet.

del zu Lande mit dem kurz vor der Zeit Samuels (11. Jh. v. Chr.) in Arabien eingeführten Kamel einen erheblichen Aufschwung. Im Unterschied zu Eseln, die jeden Tag getränkt werden mußten, konnten Kamele bis zu drei Wochen ohne Wasser auskommen. Ein einziges Tier konnte eine Last von mehr als 250 kg tragen und dennoch wesentlich schneller und ausdauernder laufen als die behäbigen Grautiere. Kamelkarawanen benötigten für altbekannte Wege viel weniger Zeit als früher und erschlossen neue Straßen wie die transarabische Gewürzroute.

WENAMONS GEFÄHRLICHE REISE NACH PHÖNIZIEN

Im 11. Jh. v. Chr. wurde der ägyptische Tempelbeamte Wenamon nach Phönizien geschickt, um dort Holz zu kaufen, das man für das Festschiff des Sonnengottes Amon-Re benötigte. Sein Ziel war das nördlich von Beirut gelegene Byblos, doch das Schiff legte in Dor (südlich von Haifa) an, wo ein Mitglied der Schiffsbesatzung sein gesamtes Kapital entwendete. Dor befand sich damals in den Händen der Tjekker, die zu den sogenannten Seevölkern gehörten.

Nachdem es Wenamon nicht gelungen war, den Herrscher der Tjekker dazu zu bewegen, ihm den Schaden zu ersetzen, segelte er weiter nach Byblos. Unterwegs beschaffte er sich auf Piratenweise ein wenig Silber von einem Tjekker-Schiff. Diese benachrichtigten Zakarbaal, den Prinzen von Byblos, der einerseits die Rache der Tjekker fürchtete, andererseits aber auch den Botschafter des Sonnengottes nicht verärgern wollte. Fünf Monate lang drängte Zakarbaal seinen unwillkommenen Gast vergeblich, seinen Hafen zu verlassen. Dieser weigerte sich, zu gehen, ohne seinen Auftrag zu erfüllen.

Schließlich schloß man einen Kompromiß. Die Phönizier schickten etwas Bauholz nach Ägypten und baten um angemessene Bezahlung für die gewünschten weiteren Lieferungen. Nachdem die Ägypter das Verlangte geschickt hatten, ließ Zakarbaal das übrige Holz verschiffen. Zugleich teilte er den Tjekkern, die seinen Gast in ihre Gewalt bringen wollten, mit, daß er ihnen Wenamon nicht ausliefern würde. Er ließ ihnen ausrichten: „Laßt mich ihn fortschicken. Ich kann euch jedoch nicht abhalten, ihn zu jagen und zu verhaften."

Als Wenamon aus Byblos auslief, verfolgten ihn die Tjekker, denen es jedoch nicht gelang, den Ägypter gefangenzunehmen. Ein Sturm brachte ihn vom Kurs ab und zwang ihn, in Zypern an Land zu gehen. Dort erlebte er weitere gefährliche Abenteuer, bevor er die Heimreise antreten konnte. Ob der Tempelbeamte tatsächlich unversehrt zurückkehrte, ist nicht bekannt.

DAS HEILIGE GESETZ

Jedes Volk hatte seine Gesetze und Bräuche, die von Generation zu Generation weitergegeben

wurden. Sie waren oftmals buchstäblich in Stein gemeißelt – wie der berühmte, aus dem

18. Jh. v. Chr. stammende Kodex des babylonischen Königs Hammurabi.

In den Kulturen des Vorderen Orient lag die gesetzgebende Gewalt in der Hand des Herrschers, der im Namen der Landesgötter handelte. Diese galten als die obersten Richter über alles menschliche Tun. Besonders nachdrücklich wurden die hierarchischen Verhältnisse bei einer einmal im Jahr stattfindenden Zeremonie dem babylonischen und dem assyrischen König demonstriert. Die Regenten mußten alle königlichen Insignien ablegen und wurden vor ein goldenes Abbild ihrer höchsten nationalen Gottheit geführt. Nachdem sie der Hohepriester ins Gesicht geschlagen hatte, mußten sie auf allen vieren vor dem Götzenbild kriechen und schwören, daß sie keine Sünden begangen hatten. Erst nach diesem demütigenden Ritual erhielten sie die Absolution und bekamen darüber hinaus noch eine weitere Ohrfeige. Wenn der Schlag so heftig war, daß dem König die Tränen kamen, galt dies als gutes Omen.

DER KODEX HAMMURABI

Zu den ältesten Gesetzen der Welt, die schriftlich festgehalten wurden, zählt der Kodex Hammurabi. Diese wichtigste, insgesamt 282 Gesetze umfassende Rechtssammlung des alten Orient ist in eine schwarze Steinsäule eingeritzt, die französische Archäologen im Jahr 1902 im Iran ausgruben. Die Gesetze zeigen Hammurabi, der 1728–1686 v. Chr. in Babylon regierte, als einen Regenten, der das Wohl der Schwachen im Auge hatte und sich um Gerechtigkeit für alle seine Untertanen bemühte. In einem Prolog gelobte „Hammurabi, der fromme, gottesfürchtige Fürst, für das Wohlergehen des Volkes zu sorgen, im Land Recht zu schaffen, die Bösen und Schlechten zu vernichten und dafür zu sorgen, daß die Starken nicht die Schwachen unterdrücken ...". Diese Prinzipien erinnern an die Gesetze eines Königs, der um 2100 v. Chr. in Ur regierte. In einer Inschrift, die bei Ausgrabungen

gefunden wurde, verspricht der Regent, Reformen einzuführen, die dafür sorgen sollen, „daß die Waise nicht Opfer des Wohlhabenden ... die Witwe nicht Opfer des Mächtigen ... und der Arme nicht Opfer des Reichen" werde.

HARTE STRAFEN

Die Strafen, die den Angeklagten im Vorderen Orient drohten, änderten sich im Lauf der Jahrhunderte, wobei häufig die Änderung der Lebensverhältnisse eine große Rolle spielte. Die Gesetze, nach denen umherziehende Wüstennomaden lebten, waren in der Regel sehr viel strenger als das Recht, an dem sich die seßhafte Bevölkerung der aufstrebenden Stadtkulturen orientierte. Darüber hinaus galten in Gesellschaften, wo sich deutliche soziale Gegensätze herausgebildet hatten, häufig unterschiedliche Maßstäbe für Reich und Arm. Bei den Hethitern beispielsweise ging ein Mörder straffrei aus, wenn dieser die Familie des Opfers reich entschädigte. Dieses Gesetz begünstigte die Wohlhabenden, die in der Lage waren, sich freizukaufen.

Ein eindrucksvolles Bild der Rechtsprechung in den zwei vorchristlichen Jahrtausenden zeichnet die hebräische Bibel, in der sich neben den Zehn Geboten zahlreiche weitere Gesetze finden. Diese Vorschriften vermitteln interessante Einblicke

Götter überreichen dem sumerischen Monarchen Ur-Nammu (ca. 2100 v. Chr.) die Attribute seiner königlichen Herrschaft.

**Auf der Stele, in die der Kodex Hammurabi ein-
gemeißelt ist, sieht man den gleichnamigen babylonischen König, wie er Schamasch, dem Gott der
Sonne und der Gerechtigkeit, huldigt.**

in den harten Lebensalltag der Menschen im Vorderen Orient. Einige Gesetze, die sich in der Bibel
finden, weisen große Ähnlichkeiten zu Vorschriften
auf, die in Hammurabis schwarze Stele eingraviert
sind. Die unmittelbaren Vorfahren des babylonischen Königs waren amoritische Nomaden, und
ihre strengen Gesetze haben wie die des Alten Testaments einen engen Bezug zu dem von zahllosen
Gefahren geprägten Leben in der kargen Wüste.

Die größten Verbrechen, die das Gesetz der Israeliten ahndete, waren Gotteslästerung, Götzendienst
sowie Mord. Als weitere schwere Straftaten galten
verbotene sexuelle Beziehungen, vor denen in der
Bibel mit deutlichen Worten gewarnt wird:
„Wenn jemand mit der Frau eines anderen Israeliten
Ehebruch begeht, müssen beide hingerichtet werden. Wenn jemand mit seiner Schwiegertochter
schläft, ist das ein schändliches, todeswürdiges Verbrechen; beide müssen hingerichtet werden. Wenn
ein Mann mit einem anderen Mann geschlechtlich
verkehrt, ist das ein abscheuliches todeswürdiges
Verbrechen; beide müssen hingerichtet werden.
Wenn jemand Tochter und Mutter zugleich zur
Frau nimmt, müssen alle drei verbrannt werden; so
etwas Schändliches darf bei euch nicht vorkom-
men" (3. Mose 20, 10–14). Während für das letzte
der hier aufgeführten sexuellen Vergehen (die Auflistung in der Bibel ist noch wesentlich umfangrei-
cher) das Verbrennen der Schuldigen als Strafe
gefordert wurde, vollstreckte man Todesurteile
ansonsten meist durch Steinigen. Dabei ließ man
einen mächtigen Stein aus mehreren Metern Höhe
auf die Brust des Verurteilten fallen.

BLUTIGE RACHE

Wie in anderen Kulturen des Nahen Ostens war
auch im alten Israel die Blutrache verbreitet. Das
Gesetz verpflichtete den nächsten Verwandten ei-

KEIN GLEICHES RECHT FÜR ALLE

Viele der Gesetze, die mesopotamische Könige Anfang des 2. Jt. v. Chr.
auf Tafeln gravieren ließen, weisen
trotz einiger grundlegender Unterschiede auch gewisse Parallelen zu
den strengen Gesetzen der Thora,
der fünf Bücher Mose, auf. So findet sich im Kodex Hammurabi eine
ganze Reihe von Vorschriften, die
an das Bibelwort „Leben um Leben, Auge um Auge, Zahn um
Zahn" erinnern. In diesem Zusammenhang sind besonders die Ab-

schnitte 196, 197 und 200 der
berühmten babylonischen Geset-
zessammlung mit den folgenden
Vorschriften zu nennen:

„Wenn ein Herr das Auge eines
Aristokraten zerstört, sollen sie
ihm sein Auge zerstören."

„Wenn ein Herr einem anderen
Herrn einen Knochen bricht, so
sollen auch sie ihm seinen Knochen brechen."

„Wenn ein Herr einem anderen
Herrn einen Zahn ausschlägt, dann

sollen sie ihm auch einen Zahn
ausschlagen."

Diese und andere Vorschriften
des Kodex Hammurabi galten jedoch nicht für alle Mitglieder der
babylonischen Gesellschaft, sondern nur für Gleichrangige. Denn
wenn ein vornehmer Bürger einem
Mann aus dem einfachen Volk einen Zahn ausgeschlagen hatte,
konnte er seine Schuld sühnen, indem er dem Opfer eine bestimmte
Menge Silber zahlte.

nes Getöteten dazu, den Täter ausfindig zu machen und zu ermorden. Es gab jedoch insgesamt sechs Städte, darunter Hebron, Sichem und Golan, in denen der Täter vorläufiges Asyl finden konnte. Wenn er eine dieser Zufluchtsstätten erreichte, hatte er das Anrecht erworben, sich in einem Prozeß gegen den Vorwurf des vorsätzlichen Mordes zu verteidigen. Dasselbe galt für den Fall, daß es ihm gelang, einen Altar zu umfassen. Doch selbst, wenn das Urteil auf fahrlässigen Totschlag lautete, entband dies den Angehörigen des Opfers nicht von der Verpflichtung der Blutrache. So konnte in einem Prozeß zwar möglicherweise die Schuldfrage geklärt werden, doch das Leben des Täters blieb weiterhin bedroht. Auch wenn er seinen Verfolger tötete, änderte dies nichts an seinem Schicksal. Denn in diesem Fall übernahm der nächste Verwandte des ursprünglichen Rächers dessen Rolle.

VOR GERICHT

In den kleinen Gemeinden hielten die Ältesten auf dem Dorfplatz Gericht, während man in größeren Orten am Stadttor Recht sprach. Es gab keine Anwälte und Kreuzverhöre, wie wir sie heute kennen. Eine normale Sitzung begann mit der Anhörung des Klägers, nach dessen Auftritt sich der Angeklagte verteidigen mußte. Darauf folgten die Aussagen der Zeugen, die ebenso wie Kläger und Beklagter einen Eid geschworen hatten, die Wahrheit zu sagen. In der Regel waren mindestens zwei übereinstimmende belastende Zeugen-

Monarchen, wie der hier dargestellte Hammurabi, hatten eine besonders enge Verbindung zu ihren Landesgöttern.

Voller Angst umklammert ein verfolgter Israelit einen Altar. Bis die Ältesten seinen Fall verhandelt haben, ist er jedoch vor seinen Feinden sicher.

berichte notwendig, um das Gericht von der Schuld eines Angeklagten zu überzeugen. Wenn sich herausstellte, daß Kläger oder Zeugen einen Meineid geleistet hatten, drohte ihnen dieselbe Strafe, die der Beschuldigte für sein angebliches Vergehen bekommen hätte.

War die Beweislage unklar, gab es die Möglichkeit des Gottesurteils: An den Ufern des Euphrat warf man Beschuldigte manchmal in den Fluß und überließ es dann den Göttern, ob sie sich retten konnten oder ertranken. Die Bestrafung erfolgte immer unmittelbar nach der Urteilsverkündung und öffentlich, wobei zu den häufigsten Strafen das Auspeitschen gehörte.

Normalerweise vertrauten die Menschen darauf, daß die altehrwürdigen Sippenoberhäupter, in deren Hand die Rechtsprechung lag, über den beteiligten Parteien standen und mit göttlicher Hilfe zu einem gerechten Urteil kamen. Dennoch gab es Richter, die ihr Amt mißbrauchten und sich dafür von den Propheten tadeln lassen mußten. In der Bibel findet sich eine vernichtende Kritik an solchen Rechtsbeugern, die das in sie gesetzte Vertrauen enttäuschen: „Weh euch! Ihr haßt jeden, der in der

Gerichtsversammlung die Wahrheit sagt und das Unrecht anprangert … Ihr beutet die Armen aus und verlangt von ihnen hohe Abgaben an Korn. Ihr verfolgt ehrbare Bürger, nehmt Bestechungsgelder an und verweigert den Schutzlosen ihr Recht" (Amos 5, 10–12).

GÖTTLICHE LEGITIMATION

So wie die Sippenältesten sich auf göttliches Recht beriefen, wenn sie ihre Urteile verkündeten, fällten auch die Könige des Vorderen Orient keine Entscheidung von größerer Tragweite, ohne sich der Zustimmung ihrer Landesgötter zu vergewissern. Selbst bei Verbrechen wie Vater- oder Brudermord, die in den machtgierigen Herrscherfamilien des Nahen Ostens keine Seltenheit darstellten, versuch-

ten die Mörder, ihre Taten mit dem Hinweis auf den göttlichen Willen zu entschuldigen.

Tödliche, angeblich göttlich legitimierte Intrigen waren auch bei den assyrischen Königen an der Tagesordnung. Als Sanherib 680 v. Chr. einer Verschwörung zum Opfer fiel, die vermutlich zwei seiner Söhne angezettelt hatten, sicherte sich Asarhaddon, ein weiterer Sohn Sanheribs, den Thron. 16 Jahre nach Asarhaddons Tod entbrannte wiederum ein Kampf unter seinen Söhnen. Einer von ihnen, Schamasch-schum-ukin, der als König über Babylon herrschte, starb in seinem brennenden Palast. Assurbanipal, der siegreiche Bruder, ließ allen die Zunge ausreißen, die angeblich den Gott Assur beleidigt hatten. So konnte er unter Berufung auf die Götter viele seiner Feinde ausschalten. Trotz des Sieges ging Assyrien jedoch geschwächt aus dem Kampf mit Babylonien hervor, und im Jahr 621 v. Chr. gelang es den Medern und Babyloniern, das assyrische Reich zu zerstören.

DAS RECHT DES STÄRKEREN

Die Rechtsbeziehungen zwischen den Staaten des Nahen Ostens waren nicht eindeutig definiert; im Zweifelsfall waren die Herrscher kleiner Länder gut beraten, wenn sie bei Streitigkeiten mit den Regenten mächtiger Reiche nachgaben und nicht auf ihre vermeintlichen Ansprüche pochten. Häufig suchten sich die Könige von Kleinstaaten starke Bündnispartner und schmiedeten Allianzen, um ihre Position im internationalen Spiel der Mächte zu verbessern.

Botschafter vertraten ihre Herrscher an ausländischen Höfen, wo sie durch die traditionelle Gastfreundschaft geschützt waren. Die Gesandten konnten jedoch jahrelang festgehalten werden, wenn sich die Beziehungen zwischen den Staaten verschlechterten.

Ein wichtiges Mittel der internationalen Diplomatie bilde-

Der kassitische König Meli-Schichu (12. Jh. v. Chr.) präsentiert seine Tochter, der er Land schenkt, der Göttin Nanaja.

MIT HILFE DER GÖTTER

Im Jahr 680 v. Chr. wurde der assyrische König Sanherib ermordet. Asarhaddon, einer seiner Söhne, erhob sich nach blutigen Wirren zum neuen Herrscher des Reiches. Im folgenden Bericht beschreibt er die Ereignisse:

„Ich war der jüngste Bruder, doch auf Befehl der Götter erwählte mein Vater mich als seinen Nachfolger. Um seine Nachfolge zu sichern, versammelte er meine Brüder und alle seine männlichen Nachkommen und ließ sie vor dem Volk in Gegenwart der Götter Assyriens und aller anderen Götter einen heiligen Eid schwören …

Doch als ich in den Kronprinzenpalast eingezogen war, vergaßen meine Brüder ihre Gottesfurcht und streuten Verleumdungen über mich aus. Auf diese Weise entfremdeten sie mich meinem Vater, obwohl er mich im Grunde seines Herzens noch liebte. Ich rief Assur, den König der Götter, und den gnädigen Marduk an, die mir rieten, mich zu verstecken …

Danach wurden meine Brüder ganz von Sinnen. Sie begingen alle Arten von bösen Taten und zückten gegen den Willen der Götter sogar in Ninive selbst ihre Waffen. Wie Ziegen gingen sie im Kampf um die Königsherrschaft aufeinander los.

Ich … wurde wütend wie ein Löwe. Ich schlug die Hände zusam-

Die Herrscher des Vorderen Orient rechtfertigten ihre Taten, indem sie sich auf mächtige Gottheiten wie Ischtar (oben links) beriefen.

men und flehte die Götter um Beistand an. Ich betete zu Assur, Sin, Schamasch, Bel, Nebo und Nergal, zu Ischtar von Ninive und zu Ischtar von Arbela. Sie schickten mir umgehend diese richtige … Antwort durch ein glaubwürdiges Orakel: ‚Zögere nicht. Wir werden mit dir marschieren und deine Feinde töten.‘

Ich wartete keinen einzigen Tag, sondern breitete meine Flügel ohne Anstrengung wie ein Sturmvogel aus und nahm den schwierigen, direkten Weg nach Ninive … Die besten Soldaten meiner Brüder versperrten den Weg und schärften ihre Waffen, doch beim Anblick meiner vorrückenden Streitkräfte

erfaßte sie die Angst vor den großen Göttern. Die Göttin Ischtar, die Herrin der Schlacht, die mich als ihren Hohepriester begünstigt, zerbrach die Bogen und Formation meiner Gegner. Auf ihren hoheitsvollen Befehl hin liefen sie in Scharen zu mir über … Die Thronräuber verließen ihre Truppen, als sie hörten, was geschehen war, und flohen aus dem Land …

An dem günstigen Tag des Festes von Nebo zog ich froh in meine Hauptstadt Ninive ein und setzte mich glücklich auf den Thron meines Vaters. In diesem Augenblick blies der Südwind – ein wunderbares Vorzeichen, das der Gott Ea geschickt hatte.“

ten Eheschließungen zwischen Angehörigen verschiedener Dynastien. Isebel, die vielgeschmähte Frau des israelitischen Königs Achab, war beispielsweise eine Prinzessin aus Sidon in Phönizien, einem Land, zu dem die Israeliten nicht zuletzt aus wirtschaftlichen Gründen enge Beziehungen unterhielten.

Ungeachtet ihrer Kriegslust schätzten die nahöstlichen Regenten die Vorteile des Friedens, insbesondere wenn nach einem erfolgreichen Feldzug ein Bündnisvertrag nach ihren Vorstellungen geschlossen wurde. Die Herrscher eines Vasallenstaates mußten einen Treueschwur leisten, der sie dazu verpflichtete, die ausgehandelten oder, besser

KAMPF GEGEN DIE ASSYRER

König Hiskija, einer der tatkräftigsten Herrscher Judas,

versuchte den mächtigen Eroberern die Stirn zu bieten.

Hiskija regierte Juda zunächst ab 727 v. Chr. gemeinsam mit seinem Vater Ahas, bis er nach dessen Tod sechs Jahre später die Alleinherrschaft antrat. Hiskija war äußerst fromm und wirkte als religiöser Reformer, der für sein unnachgiebiges Vorgehen gegen Götzenkulte in der Bibel nachdrücklich gelobt wird: „Er tat, was dem Herrn gefiel, genau wie sein Ahnherr David. Er ließ die Opferstätten rings im Land zerstören, die geweihten Steinmale in Stücke schlagen und das Götzenbild der Aschera umstürzen … Keiner von allen Königen Judas vor und nach Hiskija vertraute so wie er dem Herrn, dem Gott Israels. Hiskija hielt sein Leben lang treu zum Herrn und befolgte die Gebote, die der Herr durch Mose gegeben hatte. Darum stand der Herr ihm auch bei und gab ihm Erfolg in allem, was er unternahm. So gelang es Hiskija, sich von der Oberherrschaft des Königs von Assyrien zu befreien" (2. Könige 18, 3–7).

Wie dieses Bibelzitat bereits anklingen läßt, stellte die Bedrohung durch die Assyrer die größte Gefahr dar, der sich Juda während der Regierungszeit Hiskijas gegenübersah. Im Jahr 721 v. Chr. hatten die Assyrer Samaria, die Hauptstadt des nördlichen Königreiches Israel, eingenommen und damit den assyrischen Machtbereich bis an die Grenze des Südreiches Juda ausgedehnt.

Hiskija versuchte sein Land vor dem Aggressor zu schützen, indem er die Befestigungen der wichtigsten Städte erneuern ließ. Auch Jerusalem, in das viele Israeliten aus dem Norden geflohen waren, bereitete sich auf einen möglichen Angriff der Assyrer vor.

Im Jahr 704 v. Chr. starb der assyrische König Sargon II., dem sein Sohn Sanherib auf den Thron folgte. Die Periode der Unsicherheit, die häufig mit solchen Machtwechseln einherging, nutzten Hiskija und andere Regenten, um ein starkes Bündnis gegen die vorherrschende Macht des Nahen Ostens zu schmieden.

Als es tatsächlich zur Konfrontation mit den Assyrern kam, zeigte sich jedoch schnell, daß die Allianz der assyrischen Kriegsmaschinerie nicht gewachsen war. Als erste Stadt in Juda fiel Lachisch, über dessen Belagerung es umfangreiche Quellen gibt. Dagegen ist nicht bekannt, warum es Sargon nicht gelang, die judäische Hauptstadt zu erobern. In der Bibel steht, daß er Boten nach Jerusalem sandte, um die Bevölkerung zur Übergabe der Stadt zu bewegen: „‚Laßt euch von Hiskija nicht täuschen!' riefen sie. ‚Er kann euch vor mir nicht retten. Laßt euch auch nicht dazu überreden, dem Herrn zu vertrauen! Glaubt Hiskija nicht, wenn er sagt: Der Herr wird uns bestimmt retten und diese Stadt nicht in die Hand des assyrischen Königs fallenlassen'" (2. Könige 18, 29–30). Doch später heißt es: „In derselben Nacht kam der Engel des Herrn in

das Lager der Assyrer und tötete dort 185000 Mann", was ein Hinweis darauf sein könnte, daß der Ausbruch der Pest die Angreifer zum Rückzug zwang. Biblische und assyrische Berichte lassen außerdem vermuten, daß Hiskija

König Hiskija empfängt assyrische Abgesandte in der mit Zedernholz vertäfelten Gerichtshalle des Königspalastes von Jerusalem.

sich bereit erklärte, den Assyrern Tribut zu zahlen. Sanherib notierte in einer Chronik über seine Regierungszeit: „Hiskija selbst, überwältigt von meiner schreckenverbreitenden Herrlichkeit, schickte mir später nach Ninive Gold, Silber, Edelsteine, Antimon, große Stücke von rotem Stein, elfenbeinverzierte Sofas, Elefantenhäute, Ebenholz, Trompetenbaumholz und alle Arten von wertvollen Schätzen …"

gesagt, die diktierten Vertragsbedingungen einzuhalten. Der Kopf der Vasallen wurde mit Öl und Wasser gesalbt, bevor sie im Namen ihrer eigenen Götter Treue schwuren. Diese sollten im Fall eines Vertragsbruches den Schuldigen bestrafen. Die Vasallen verloren das Recht, eine unabhängige Außenpolitik zu betreiben, und manchmal mußten sie auch Beschränkungen der Handelsfreiheit in Kauf nehmen. Außerdem waren sie verpflichtet, einen jährlichen Tribut zu entrichten, wofür sie im Fall eines Angriffs feindlicher Mächte militärischen Schutz zugesichert bekamen.

Als der judäische König Ahas im Jahr 733 v. Chr. von einer Allianz bedroht wurde, der neben Israel auch die Philister, Edomiter und Aramäer angehörten, wandte er sich in seiner Not an den assyrischen König Tiglatpileser III. Gegen diesen mächtigen Regenten richtete sich im Grunde das Militärbündnis, dem sich Juda aus Angst vor dem Untergang des Reiches nicht anschließen wollte. Durch Gesandte übermittelte Ahas dem assyrischen Herrscher folgende Botschaft: „Ich bin dein Diener und dein Sohn: Komm und rette mich aus der Hand des Königs von Syrien und aus der Hand des Königs von Israel." Nicht zuletzt aus eigenem Interesse schickte Tiglatpileser Truppen nach Juda und bewahrte auf diese Weise das bedrohte Jerusalem vor dem Fall.

SALOMO ALS GROSSER BAUHERR

Die Herrscher des Nahen Ostens legten großen Wert darauf, ihre Macht und ihren Reichtum durch die Errichtung von prunkvollen Palästen und Tempeln zu demonstrieren. Darüber hinaus scheuten sie keinerlei Ausgaben, wenn es darum ging, hochgestellte Gäste durch eine aufwendige Hofhaltung zu beeindrucken.

Zu den vorderorientalischen Regenten, die durch verschwenderische Prachtentfaltung ihre Bedeutung hervorheben wollten, zählte auch König Salomo. Er war ein erfolgreicher Handelsherr, der bei seinen zahlreichen Geschäften davon profitierte, daß sein Vater David das Reich gefestigt und es zu einer regionalen Großmacht gemacht hatte.

Um seine Vorstellungen von einer seinem Rang angemessenen Repräsentation zu verwirklichen, ließ er im ganzen Land großzügig angelegte Bauten errichten. In seinem Auftrag arbeiteten u. a. zahlreiche Handwerker aus der phöni-

Ohne die Arbeitsleistung von Kriegsgefangenen, wie diesen Zwangsarbeitern in einem assyrischen Steinbruch, hätten die Herrscher des Vorderen Orient ihre großen Bauvorhaben nur schwer verwirklichen können.

zischen Stadt Tyrus und Zehntausende von Fronarbeitern.

Salomos große Bauprojekte verursachten sehr hohe Kosten, und besonders im nördlichen Teil des Reiches reagierte man mit großem Unmut auf die stetig zunehmenden Abgaben, die der König verlangte.

Als Salomos Sohn Rehabeam nach dem Tod seines Vaters die Steuerlast für die Stämme des Nordens noch weiter erhöhen wollte, weigerten sich diese, ihn als neuen König zu bestätigen, und das Nordreich Israel trennte sich vom Südreich Juda.

BLUTIGE KRIEGE

Aufstieg und Niedergang großer Mächte hingen eng mit der Schlagkraft ihrer Armeen zusammen.

Besonders gefürchtete Krieger waren die Assyrer, die ihre Feinde mit unvergleichlicher

Kampfkraft und einer überlegenen Waffentechnik in Angst und Schrecken versetzten.

Der Vordere Orient war von jeher ein Gebiet, in dem eine Vielzahl von Stämmen und Völkern um Macht und Landbesitz kämpfte. Das fruchtbare Mesopotamien sowie Syrien und Palästina mit ihren großen Städten und wichtigen Handelsrouten bildeten immer wieder den Schauplatz blutiger Auseinandersetzungen, die mit unerbittlicher Grausamkeit geführt wurden. Die Spannungen in dieser Region verschärften sich insbesondere in Zeiten großer Wanderbewegungen, wenn fremde Heerscharen die alteingesessene Bevölkerung zu verdrängen versuchten. Eine

Mächtiger Kriegsherr: Der assyrische Herrscher Tiglatpileser III. (745–727 v. Chr.) schuf durch zahlreiche blutige Feldzüge eines der bedeutendsten Reiche des Nahen Ostens.

ständige Bedrohung stellten auch das mächtige Ägypten und die Hethiter dar, die in der ersten Hälfte des 2. Jt. v. Chr. im östlichen Kleinasien das Reich Hatti gründeten.

Die Hethiter waren ein zur indogermanischen Sprachgruppe gehörendes Volk, das sich durch besondere Kampfkraft auszeichnete. Sie mußten ihre neue Heimat gegen benachbarte Völker verteidigen, wobei sich nicht zuletzt der kriegerische Gebirgsstamm der Kaskäer als eine ständige Bedrohung erwies. Ihre Macht festigten die Hethiter jedoch nicht nur durch regelmäßige Kriegszüge, sondern auch durch eine geschickte Diplomatie. Vertragliche Vereinbarungen mit anderen Staaten hielten die Hethiter meist auf Tafeln aus Gold, Silber oder Bronze fest und bekräftigten die Abmachungen durch die Auflistung von Namen bedeutender Gottheiten.

Falls jedoch Verhandlungen mit Feinden ergebnislos verliefen, erwies sich die hethitische Streitmacht als gefährliche Kampfmaschinerie. Dies lag besonders an ihren unablässig verbesserten Streitwagen, die im ganzen Orient gefürchtet wurden.

Einen Höhepunkt seiner Macht erreichte das Reich der Hethiter im 14. Jh. v. Chr. In der ersten Hälfte dieses Jahrhunderts gelang es dem König Suppiluliuma, die Mitanni zu besiegen, die im nördlichen Mesopotamien siedelten und die Hethiter bedrohten. Nach diesem Erfolg erwies sich nur noch Ägypten als ebenbürtiger Konkurrent der kleinasiatischen Großmacht. Das Reich am Nil versuchte sich durch Heiratsdiplomatie eng an die Hethiter zu binden, doch die geplante Hochzeit der Witwe von Tutanchamun mit einem der Söhne des hethitischen Königs scheiterte aufgrund von gegenseitigem Mißtrauen und innenpolitischen Veränderungen in Ägypten.

Schulter an Schulter ziehen Soldaten des sumerischen Stadtstaates Lagasch in die Schlacht.

Um das Jahr 1300 v. Chr. verschlechterten sich die Beziehungen zwischen den von König Muwatallis regierten Hethitern und den Ägyptern zusehends. Und als sich 1285 v. Chr. Pharao Ramses II. mit seinen Truppen der in Syrien gelegenen hethitischen Grenzstadt Kadesch näherte, drohte eine bewaffnete Auseinandersetzung zwischen der ägyptischen und der hethitischen Armee. König Muwatallis, der 20 000 Soldaten zusammengezogen hatte, versuchte sich durch eine Kriegslist einen entscheidenden Vorteil zu verschaffen. Zwei Krieger aus seinem Lager gaben sich als Deserteure aus, um das Vertrauen der Ägypter zu gewinnen. Sie erzählten den Feinden, daß die hethitische Streitmacht noch weit entfernt sei, worauf sich der Pharao nur mit einem kleinen Teil seines Heeres nach Kadesch begab. In der Nähe der Stadt hatten sich jedoch schon die Hethiter in Position begeben, die sich die Schwäche der Angreifer zunutze machten und sie in eine fast ausweglose Lage brachten. Ramses wurde jedoch durch ein heraneilendes Heer verbündeter Syrer vor der drohenden Niederlage bewahrt. Ihm gelang es indes nicht, Kadesch einzunehmen, und

WEHRHAFTE STREITWAGEN

Assyrische Streitwagenlenker treiben mit der Peitsche ihr Zugpferd an (Relief aus Ninive; 7. Jh. v. Chr.).

Hethiter, Ägypter, Assyrer und andere Großmächte der biblischen Zeit besaßen große Armeen, deren enorme Stärke nicht zuletzt auf dem massiven Einsatz von Streitwagen beruhte.

Ursprünglich waren diese wehrhaften, bereits von den Sumerern benutzten Gefährte für zwei Personen konstruiert, für einen Bogenschützen und einen Fahrer. Die Hethiter bemannten die Streitwagen im 2. Jt. v. Chr. mit drei Kriegern; neben dem Fahrer und einem Speerwerfer zählte ein Schildträger zur Standardbesatzung.

Darüber hinaus nahmen die Hethiter noch weitere Veränderungen vor, wobei besonders die Verwendung leichter Speichenräder anstelle der anfänglich verwendeten Holzscheiben erhebliche Vorteile brachte. Den Boden der Gefährte fertigte man aus Lederriemen oder geflochtenen Seilen, wodurch eine abfedernde Wirkung erzielt wurde. Um die Vibrationen so gering wie möglich zu halten und eine gute Manövrierfähigkeit zu gewährleisten, befand sich die Achse sehr weit hinten. Während die Streitwagen der Sumerer noch von Halbeseln gezogen wurden, verwendeten die Hethiter für ihre modernisierten Kampffahrzeuge robuste Pferde, die sie für diesen Zweck gezüchtet hatten.

Im Lauf der Jahrhunderte verloren die Streitwagen an Bedeutung, wobei vor allem das Aufkommen schwerer Kavallerie eine wichtige Rolle spielte. Die Militärstrategen bekämpften die Gefährte u. a. auch mit massierter Infanterie sehr erfolgreich. Die gewaltige persische Armee, die der mächtige Xerxes im Jahr 480 v. Chr. gegen die Griechen ins Feld schickte, verfügte nur noch über zwei Streitwagenkontingente, die jedoch bei weitem nicht mehr so schlagkräftig waren wie die Kampffahrzeuge im vorhergehenden Jahrhundert. Noch später dienten Streitwagen nur für zeremonielle Zwecke.

Dieses Relief zeigt berittene assyrische Bogenschützen beim paarweisen Angriff. Während ein Reiter seine Pfeile abschießt, kann der andere die Zügel beider Pferde halten.

so zog er sich nach verlustreichen Kämpfen schließlich nach Ägypten zurück.

Die Schlacht bei Kadesch zeigte noch einmal die größte militärische Stärke der Hethiter: den massiven Einsatz von wehrhaften Streitwagen. Nach und nach verloren diese jedoch ihren Schrecken. Die Heerführer fanden heraus, wie man den Kampffahrzeugen viel von ihrer allseits gefürchteten Durchschlagskraft nehmen konnte. Dabei bewährte sich vor allem der Einsatz berittener Bogenschützen. Diese wurden anfänglich von Dienern begleitet, welche die Zügel des Pferdes hielten, während die Elitekrieger ihre Pfeile abschossen. Als den Militärstrategen immer schnellere und ausdauerndere Pferderassen zur Verfügung standen, bauten sie schließlich kaum noch auf die schweren Streitwagen, sondern setzten ihre Hoffnungen verstärkt auf die Kavallerie, die den Gegner ohne Begleitschutz attackierte. Die großen Hengste der Meder aus dem Gebiet des östlich des Kaspischen Meeres gelegenen heutigen Turkmenistan waren die besten Kriegspferde. „Wenn es so mächtig schnaubt, erschrickt der Mensch", heißt es im Buch Ijob über ein solches Pferd. „Schon aus der Ferne wittert es die Schlacht, hört die Befehle und das Kriegsgeschrei."

DIE ASSYRER – EINE NEUE GROSSMACHT

Im Verlauf des 13. Jh. v. Chr. begann das hethitische Reich allmähliche Auflösungserscheinungen zu zeigen. Als eine große Bedrohung erwiesen sich die Assyrer, deren Reichszentrum das am rechten Tigrisufer gelegene Assur bildete. Die einstmals verfeindeten Ägypter und Hethiter entschlossen sich angesichts der zunehmenden Stärke ihrer kriegerischen Nachbarn in Obermesopotamien zu einem Bündnis, das durch die Hochzeit von Ramses II. mit

einer hethitischen Prinzessin besiegelt wurde. Der Niedergang des hethitischen Reiches war jedoch nicht aufzuhalten, und gegen 1200 v. Chr. ging die einstige Großmacht im Ansturm der kriegerischen Seevölker unter.

Nach dem Niedergang der Hethiter bildete sich mit dem Assyrischen Reich eine neue Großmacht des Nahen Ostens. Ursprünglich waren die Assyrer nicht kriegslustiger als andere zeitgenössische Völker; viele von ihnen betätigten sich als Kaufleute und nutzten die zahlreichen Handelswege, die ihr Land durchzogen. Da sie jedoch in einem Gebiet lebten, das aufgrund seiner Fruchtbarkeit und seiner strategisch günstigen Lage von jeher

Speere, Bogen und Schleudern gehörten zu den Hauptwaffen israelitischer Krieger um das Jahr 1000 v. Chr.

die Begehrlichkeiten fremder Mächte weckte, wandelten sich die Assyrer im Lauf der Jahrhunderte zu einem außergewöhnlich wehrhaften Soldatenvolk, das von den Bewohnern aller Nachbarländer gefürchtet wurde.

Bereits Mitte des 13. Jh. v. Chr. hatten die Assyrer, die sich von der Herrschaft der Mitanni befreit hatten, ein Reich gebildet, das rund 30 000 km² umfaßte. Unter König Tukulti-Ninurta dehnten sie die Grenzen ihres Herrschaftsgebietes noch weiter aus und besiegten sogar das babylonische Heer unter Kastilias IV. Nach dem Tod von Tukulti-Ninurta im Jahr 1208 v. Chr. verloren die Assyrer an politischem Einfluß; innenpolitische Schwierigkeiten lähmten das Reich, während im Nahen Osten neue Völkerschaften darum kämpften, sich zu etablieren.

Ende des 12. Jh. v. Chr. war die Zeit innerer Unruhen und großer wirtschaftlicher Probleme beendet, und mit Tiglatpileser I. stand ein starker Herrscher an der Spitze des Staates. Er unternahm zahlreiche Feldzüge, die mit unvorstellbarer Grausamkeit geführt wurden, und schlug mit seinem

neuformierten Heer mehrere Aufstände nieder. Vor große Probleme stellten ihn allerdings die semitischen Aramäer, mit denen es immer wieder Auseinandersetzungen gab, ohne daß Tiglatpileser sie endgültig bezwingen konnte.

BEISPIELLOSE GRAUSAMKEIT

Die Assyrer wurden von ihren Feinden nicht nur wegen ihrer überlegenen Kampftechnik gefürchtet; Furcht und Schrecken verbreiteten sie vor allem wegen der Greueltaten, die sie auf ihren Feldzügen verübten. Sie beriefen sich auf den Willen ihrer Götter, wenn sie mordend und brandschatzend durch die Lande zogen. Mit dem Tod ihrer Gegner gaben sie sich häufig nicht zufrieden, zur Abschreckung für Rebellen häuteten sie Aufständische und stellten die derart entstellten Kadaver zur Schau.

Die Könige der Assyrer waren jedoch nicht nur Fürsten des Krieges, die sich mit eiserner Faust Respekt verschafften. Sie traten auch als Planer großer Bauprojekte hervor, und jeder von ihnen versuchte seinen Vorgänger zu übertrumpfen,

Ägyptische Kriegsschiffe verfügten sowohl über Ruder als auch Segel. Im 2. Jt. v. Chr. gab es allerdings nur sehr wenige Seeschlachten, und die Schiffe wurden im Kriegsfall fast ausschließlich zum Transport von Soldaten eingesetzt.

wenn er einen neuen Palast oder eine neue Residenz erbauen ließ. Zu den gewaltigsten Bauvorhaben eines assyrischen Regenten zählt die Festungsstadt Dur-Scharrukin („Sargons Burg"), die Sargon II. im Norden des heutigen Irak bauen ließ. Besonders aufwendig war der Palast des Herrschers gestaltet, der über 200 Räume umfaßte. Eine etwa 6 m dicke Mauer umgab die Stadt, die durch insgesamt sieben Tore betreten werden konnte. Bunte, zu phantasievollen Mustern angeordnete Ziegel zierten jede dieser Toranlagen.

Die assyrischen Könige schmückten ihre Prunkbauten mit den Schätzen, die sie von ihren Erobe-

rungszügen mit in die Heimat brachten. Wie aus einer Auflistung aus dem 8. Jh. v. Chr. hervorgeht, erbeutete König Tiglatpileser III. (745–727 v. Chr.) auf einem seiner Feldzüge „Gold, Silber, Zinn, Eisen, Elefantenhäute, Elfenbein, aus Leinen gefertigte Kleidung mit bunten Säumen, blaugefärbte Wolle, Ebenholz, Trompetenholzbaum, wertvolle Gegenstände aus der königlichen Schatzkammer, purpurgefärbte Lammfelle und Vögel mit blauen Flügeln".

BETEN FÜR DEN SIEG

Wie alle Herrscher des Nahen Ostens rechtfertigten die assyrischen Regenten ihre Angriffskriege, indem sie die Eroberungen fremder Länder zu einer religiösen Pflicht machten und den Sieg dem Beistand ihrer Götter zuschrieben: „Enlil ließ es nicht zu, daß sich jemand Sargon entgegenstellte", heißt es in einem assyrischen Text über den Mann, der Israel im Jahr 722 v. Chr. zerstörte.

Da man glaubte, Kriege würden nach dem Willen der Götter geführt, mußte man zunächst deren Einverständnis einholen. Die Könige und die obersten Priester besuchten vor einem Feldzug die Heiligtümer der Götter, von denen sie ein günstiges Zeichen erhofften. „Mein Herr erhörte meine aufrichtigen Worte", berichtete Sargon nach einer „Götterbefragung", die ihn mit Zuversicht erfüllte. „Sie haben ihm gefallen. Er hatte ein offenes Ohr für mein gerechtes Gebet und stimmte meinem Wunsch zu." Obgleich die Wünsche an die Götter in Form von Gebeten vorgetragen wurden, klangen sie häufig ausgesprochen blutrünstig: „Schlitze meinen Feind im Kampf auf, wie man ein Bündel aufschlitzt. Entfessele ein Unwetter über ihm, einen schlimmen Sturm", lautete ein Appell an die Götter.

Auch während der Feldzüge wollten die Regenten nicht auf göttlichen Rat verzichten. Daher wur-

Mann gegen Mann kämpfen Israeliten und Philister um den Sieg. Als die Angreifer die Oberhand zu gewinnen drohen, verläßt eine Gruppe von bewaffneten Kriegern die befestigte Stadt oberhalb des Kampfplatzes und eilt den bedrohten Stammesbrüdern zu Hilfe. Sie kommen gerade noch rechtzeitig, um dem blutigen Geschehen eine überraschende Wende zu geben.

den die Armeen von Priester-Wahrsagern begleitet, die ständigen Kontakt zu den Göttern halten sollten. Vor jeder wichtigen Entscheidung versuchte man sich die Gottheiten durch eine Vielzahl von Opfern gewogen zu machen.

ASSYRER AUF DEM MARSCH

Um das 11. Jh. v. Chr. bot ein assyrisches Heer auf dem Feldzug einen ehrfurchtgebietenden Anblick. An der Spitze wurden die Standarten der Götter getragen, begleitet von Propheten und Wahrsagern und anderen heiligen Männern. Dann kam der König in seinem Wagen, beschützt von einer ihn umschwärmenden Leibwache junger Adliger und begleitet von hochrangigen Soldaten, Spionen, Übersetzern und Schreibern. Auf beiden Seiten rückten Streitkräfte der leichten Infanterie in einer festgelegten Schlachtordnung vor.

Hinter dem König und seinem Geleit folgte der Hauptteil der Armee, die Truppenkontingente aus allen Reichsprovinzen umfaßte. Anhand der Kleidung, die sich an den jeweiligen Stammestraditionen orientierte, konnte man die Herkunft der Soldaten erkennen. Dahinter befanden sich die Mannschaften, welche die Vorräte und die für einen Feldzug notwendige Ausrüstung transportierten. Obwohl Zehntausende von Soldaten die assyrischen Armeen bildeten, bewältigten sie auf den Pflasterstraßen ihres Reiches bis zu 50 km am Tag.

Die assyrische Armee verdankte ihre Stärke der Schlagkraft schwerer Infanterie, die an den Flanken von leichter Infanterie, Streitwagen und der Kavallerie unterstützt wurde. Die leichte Infanterie war mit Pfeil und Bogen bewaffnet, und die schwere

KÖNIGSMORD

Nachdem der assyrische König Tukulti-Ninurta den babylonischen Herrscher Kastilias IV. besiegt hatte, ließ er Statuen des Gottes Marduk nach Assur bringen. Marduk genoß bald auch im Assyrischen Reich große Wertschätzung, und als die Babylonier rebellierten, sahen assyrische Adlige in der Plünderung seines Heiligtums einen Grund für den Aufstand und töteten ihren eigenen König.

Infanterie bestand aus Stoßtruppen, die mit Speeren und Schwertern kämpften und Mäntel aus sich überlappenden Bronze- oder Eisenschuppen trugen. Darüber hinaus schützten die Soldaten sich mit Beinschienen und spitzen Helmen.

Im Lauf des 1. Jt. v. Chr. begannen eiserne Waffen nach und nach die bronzenen zu ersetzen, wobei die neuen Kriegsgeräte anfangs der Elite vorbehalten blieben. Zu den wichtigsten Waffen zählte nach wie vor die Schleuder, die von den geschicktesten Kriegern der Assyrer mit einer tödlichen Perfektion gehandhabt wurde. Auch der mächtige Bogen aus Holz und Knochen, den die Mesopotamier bereits im 3. Jt. v. Chr. verwendeten, gehörte in der Hand eines sicheren Schützen zu den todbringenden Waffen. Besonders kraftvoll abgeschossene Pfeile konnten sogar Ziele treffen, die bis zu 500 m entfernt lagen.

SÖLDNERTRUPPEN

In den Armeen des Vorderen Orient kämpften häufig auch Angehörige fremder Völker, wobei es sich meist um Krieger besiegter Staaten handelte. Ein ägyptisches Heer beispielsweise, das kurz vor 1200 v. Chr. Richtung Israel zog, bestand aus rund 5000 Soldaten, von denen nicht einmal die Hälfte Ägypter waren. Zu der Streitmacht gehörten

In voller Montur: Die helmbewehrten assyrischen Krieger handhaben ihre Waffen mit tödlicher Perfektion.

Mit Hilfe von Sturmleitern versuchen assyrische Soldaten, die Mauern einer belagerten ägyptischen Stadt zu überwinden. Geschickte Bogenschützen zielen auf die Verteidiger, die heftigen Widerstand leisten.

neben 1700 Libyern ungefähr 900 Sudanesen und annähernd 500 Scherden, ursprünglich mit den Philistern verbündete Angehörige eines Seevolkes.

Im Dienst der Israeliten kämpften häufig angeworbene Philister. Die Assyrer wählten aus den von ihnen geschlagenen Armeen die besten Krieger aus, und auch die Perser rekrutierten Soldaten aus aller Herren Länder. Einen besonders hohen Ausländeranteil gab es bei den Seestreitkräften der Völker, die nicht am Meer siedelten. Bis zur Entwicklung der Ramme im 1. Jt. v. Chr. dienten Kriegsschiffe überwiegend als Transportmittel für die Soldaten, und die Seekämpfe beschränkten sich auf Scharmützel in Küstennähe. Die erfahrensten Seeleute des Vorderen Orient waren die Phönizier, die auch die besten Kriegsschiffe konstruierten. Viele Herrscher gaben bei den Phöniziern den Bau von Schiffen in Auftrag oder beschäftigten Handwerker aus Phönizien.

BELAGERUNGSTAKTIK

Wenn die Assyrer oder andere Großmächte des Nahen Ostens ihre Armeen in Bewegung setzten, blieb den Herrschern der bedrohten Staaten meist nur die Unterwerfung, wenn sie die Verwüstung ihrer Länder verhindern wollten. Wenn man sich nicht kampflos ergab, reichte oft ein kurzes Scharmützel, um sich von der überlegenen Kampfkraft der Angreifer zu überzeugen und in Friedensverhandlungen einzuwilligen.

Es kam jedoch auch vor, daß ein König nicht bereit war, ohne jeglichen Widerstand aufzugeben und diktierte Verträge zu schließen, die ihn zur Entrichtung jährlicher Tribute verpflichteten. Falls er keine Möglichkeit sah, dem Feind in offener Feldschlacht standzuhalten, ließ er die wichtigsten Städte seines Reiches befestigen und verschanzte sich hinter den Toren der Hauptstadt. Die Belagerer konnten nun versuchen, die Verteidiger auszuhungern, oder sie riskierten einen Sturmangriff. Sanherib prahlte im Jahr 701 v. Chr. damit, daß er Hiskija in Jerusalem wie „einen Vogel im Käfig" eingeschlossen und mehr als 40 andere Orte mit Belagerungsmaschinen gestürmt habe oder durch Gräben und Tunnel in sie eingedrungen sei.

Ein Hauptziel bei der Belagerung einer Stadt bestand darin, die Wasserversorgung abzuschneiden. Daher begab man sich auf die Suche nach geheimen, außerhalb der Stadtmauern gelegenen Quellen und dem Tunnelsystem, mit dem das Wasser in die belagerte Stadt geleitet wurde. Wenn es gelang, die Wasserzufuhr zu stoppen, konnte die eingeschlossene Bevölkerung nur noch auf die begrenzten Vorräte in den Zisternen zurückgreifen.

Die Belagerungstechniken wurden im Lauf der Zeit ständig verbessert. Mit Rammen schlugen die Angreifer Breschen in die Mauer, und man errichtete Belagerungstürme, von denen aus die Verteidiger der Stadtmauern attackiert wurden. Die wütend angreifenden Krieger verbargen sich hinter

DIE ZERSTÖRUNG VON LACHISCH

Die triumphale Eroberung der judäischen Stadt Lachisch im Jahr 701 v. Chr. erfüllte den assyrischen König Sanherib mit solchem Stolz, daß er die Ereignisse durch eindrucksvolle Reliefdarstellungen in seinem Palast in Ninive dokumentieren ließ.

Lachisch lag etwa 40 km südöstlich von Jerusalem und war eine Bastion, welche die Handelsroute von Ägypten nach Mesopotamien und den Zugang nach Jerusalem kontrollierte. Sanherib kreiste die Stadt ein, schnitt ihre Zulieferungsverbindungen ab und baute eine Ziegelrampe, über die seine Soldaten ihre Belagerungsmaschinen den Hang zur Stadtmauer hinaufziehen konnten. Danach schlugen die Assyrer mit Rammen Breschen in die Mauer, während die Verteidiger versuchten, die Belagerungsmaschinen in Brand zu stecken.

Als Lachisch trotz des verzweifelten Widerstandes der Judäer gefallen war, machten sich die Assyrer an die Plünderung und Zerstörung der Stadt. Wie nach jeder ihrer siegreichen Schlachten verübten sie dabei kaum vorstellbare Greueltaten. Gefangene, die den Zorn der Assyrer auf sich gezogen hatten, wurden auf Pfähle gespießt, anderen zog man die Haut ab. Viele der überlebenden Stadtbewohner verschleppten die Sieger nach Assyrien; die Reliefs in Ninive spiegeln ihren langen Marsch ins Exil wider. Man erkennt u. a. eine Frau, die ihre Habseligkeiten in einem Bündel trägt, einen Jungen, der an ihrem Rocksaum zieht, und triumphierende Soldaten, die blutige Köpfe hochhalten.

Nach dem Feldzug organisierte Sanherib eine große Siegesparade, bei der sich die gefangenen Judäer vor dem Herrscher in den Staub werfen mußten, um ihm ihre Ehrerbietung zu bezeugen.

Nach der Eroberung der judäischen Stadt Lachisch im Jahr 701 v. Chr. ziehen assyrische Soldaten mit ihren Gefangenen und reicher Beute in einer Parade an König Sanherib vorbei.

Schilden oder schützten sich durch Decken aus Tierhäuten. Diese mußten ständig mit Wasser getränkt werden, damit sie nicht von den Fackeln, welche die Verteidiger von den Stadtmauern herun-terwarfen, in Brand gesteckt wurden. Feuer stellte jedoch auch für die Belagerten eine große Gefahr dar; besonders in der Gluthitze des Hochsommers fürchteten sie den Beschuß mit brennenden Pfeilen,

„ICH SITZE IN DIESEM HÖLLENLOCH FEST"

Ein ägyptischer Offizier, der zur Überwachung von Bauarbeiten zu einer kleinen Garnison an der libanesischen Küste geschickt worden war, schickte um 1300 v. Chr. einen Brief nach Hause, in dem er seine große Niedergeschlagenheit und Langeweile bekundete.

„Ich sitze hier in diesem Höllenloch ohne Nachschub fest. Alles, was ich mitgebracht habe, ist aufgebracht, und ich habe nicht einmal ein paar Esel – sie wurden alle gestohlen ... Ich verbringe meine Tage, indem ich den Vögeln nachschaue, ein bißchen angeln gehe und immer wieder voller Heimweh und Sehnsucht auf die Straße in

Richtung Heimat schaue. Ich halte meine Siesta unter Bäumen, die kein Obst tragen, und werde immer wieder von Schnaken, Moskitos und Sandfliegen angegriffen, die mir das Blut aus der Haut saugen ... Die Hitze läßt uns nicht los."

Aus der gleichen Zeit ist ein Brief von einem Untertan des Königs von Ugarit, einer Hafenstadt im heutigen Syrien, erhalten geblieben. Dieser Mann kontrollierte im Auftrag seines Herrschers Paßstraßen, weil man eine ägyptische Invasion befürchtete. Seine Männer hatten ihre Stellungen im Juni bezogen. Als es schließlich November geworden und alle seine Bit-

ten um Verstärkung unbeachtet geblieben waren, richtete er einen verzweifelten Appell an den König:

„Ich halte hier im Tal die Stellung ... Meine Männer trotzten einem nächtlichen Angriff und machten dabei einen Gefangenen, den ich verhörte ... Er antwortete: ‚Der König von Ägypten ist vorgerückt.' Wenn das wahr ist und der König schnell zuschlägt, kann ich ihn nicht aufhalten, doch wenn er eine nur kleinere Streitkraft geschickt hat, werden wir durchhalten, wenn mein Herr mir weitere Soldaten und Streitwagen schickt. Ich werfe mich meinem Herrn zu Füßen. Laß mich hier nicht verderben."

---

die leicht eine verheerende Feuersbrunst auslösen konnten.

Mit jedem Tag, den eine Belagerung andauerte, wuchs in den Städten die Not. Faulendes Wasser und verdorbene Speisen begünstigten Krankheiten; selbst für im Grund schon völlig ungenießbare Nahrungsmittel wurden astronomische Summen geboten, die nur von den reichsten Stadtbewohnern aufgebracht werden konnten. Die verzweifelte Situation in einer belagerten Stadt schildert ein biblischer Bericht über die Belagerung der israelitischen Stadt Samaria, die im 9. Jh. v. Chr. von den Aramäern eingeschlossen war.

„Die Nahrungsmittel in der Stadt wurden so knapp, daß man schließlich für einen Eselskopf 80 Silberstücke und für eine Handvoll Taubenmist fünf Silberstücke zahlen mußte. Eines Tages, als der König von Israel gerade die Stadtmauer inspizierte, rief eine Frau ihm zu: ‚Hilf mir doch, mein Herr und

König!' Der antwortete: ‚Hilft dir der Herr nicht, wie soll ich dir dann helfen? Es ist kein Getreide mehr da und auch kein Wein. Oder bedrückt dich etwas anderes?' Da zeigte sie auf eine andere Frau und rief: ‚Diese Frau da hatte zu mir gesagt: Gib deinen Sohn her, den essen wir heute; morgen essen wir dann den meinen. So haben wir also meinen Sohn gekocht und aufgegessen. Als ich aber am folgenden Tag zu ihr sagte: Gib deinen Sohn her, wir wollen ihn essen, da hatte sie ihn versteckt!'"

Ein assyrischer Krieger stapelt die abgeschlagenen Köpfe seiner Feinde.

Daß die Menschen in einer belagerten Stadt in ihrer ausweglosen Lage jegliche Zurückhaltung verloren und zu Kannibalen werden konnten, zeigt auch ein Bericht über die letzten Tage einer dreijährigen Belagerung Babylons durch Assurbanipal von Assyrien. Zahllose Tote lagen in den Straßen, und die ausgehungerten Überlebenden „aßen das Fleisch ihrer Söhne und Töchter".

SPIEL UND SPASS

Ein beliebtes Vergnügen der Völker des Nahen Ostens bestand darin, die Freizeit mit verschiedenen Wettkämpfen zu gestalten. Darüber hinaus kannte man eine Reihe besonderer Feste, die in der Stadt und auf dem Land mehrere Tage lang ausgiebig gefeiert wurden.

Die Menschen, die zur Zeit des Alten Testaments lebten, ergriffen jede sich bietende Gelegenheit, um bei Musik, Tanz und Gesang ihren harten Alltag zu vergessen. Die Mesopotamier unterstellten sogar ihren Göttern eine Vorliebe für das Feiern, denn sie waren überzeugt, daß auch diese ausgelassene Feste liebten. Es gibt zahlreiche babylonische Darstellungen von Ausschweifungen, bei denen die Götter sich am Wein berauschten und vor Freude sangen. Auch beim biblischen Propheten Jesaja findet man entsprechende Berichte über fröhliche und weinselige Feste, die allerdings in einer eher nüchternen Betrachtungsweise geschildert werden.

Antiker Künstler: Dieser Musikant stammt aus dem Kanaan des 14. Jh. v. Chr.

KÜNSTLERISCHE DARBIETUNGEN

Jeder Anlaß, ob er nun traurig oder fröhlich war, verlangte eine ganz spezielle musikalische Begleitung – sei es ein Fest, eine Hochzeit oder ein Begräbnis. Auch die Rückkehr siegreicher Truppen wurde gebührend gefeiert. Die Könige und der Adel waren stolz auf ihre Musikanten und Sänger, von denen sie sich beim Essen unterhalten ließen. So begleiteten bereits im 3. Jt. v. Chr. Spielleute am Hof von Ur mit ihren kunstvoll gefertigten Lyren den Gesang schöner Frauen. Diese Tradition wurde an den Königshöfen auch über die folgenden Jahrhunderte hinweg aufrechterhalten. Aus alten Überlieferungen läßt sich beispielsweise entnehmen, daß im 1. Jt. v. Chr. der assyrische König Assurbanipal und seine Gemahlin, von sanften Klängen begleitet, im Garten ihres Palastes speisten. Von den musikalischen Gepflogenheiten der Menschen aus dem einfachen Volk haben wir dagegen nur eine ungenaue Vorstellung. Man weiß aber, daß z. B. in Babylon in regelmäßigen Abständen öffentliche Musikveranstaltungen abgehalten wurden; außerdem hatten die Babylonier offenbar in zahlreichen Gaststätten die Möglichkeit, sich künstlerisch zu betätigen, sei es musikalisch oder beim Tanz. Eine Form des Tanzes wird in einem Abschnitt des biblischen Hoheliedes Salomos dargestellt, in dem ein Mädchen namens Schulamit beim Hochzeitstanz beschrieben wird.

HARMONISCHE KLÄNGE

Musikinstrumente gab es in allen Formen und Größen. Vor allem Saiteninstrumente erfreuten sich außerordentlicher Beliebtheit, beispielsweise die Kinnor – die biblische Harfe –, die David spielte, oder das Nebal, das einen runden Resonanzkörper besaß. Man kannte auch eine umfangreiche Zahl an Schlaginstrumenten, von der großen Baßtrommel bis hin zum Tof (Tamburin), den die Frauen schlugen, um den Rhythmus für Gesang und Tanz vorzugeben. Zu den Blasinstrumenten gehörten die aus

Zur Feier eines erfolgreichen Feldzuges spielt eine Musikantin die Lyra, während der König aus einer Schale nippt.

117

Lieder voller Leidenschaft und Liebe

Nur wenige literarische Werke lassen sich mit der poetischen Zärtlichkeit des Hoheliedes Salomos messen. Die alttestamentliche Zusammenstellung erotischer Hochzeits- und Liebeslieder enthält sowohl Beispiele ägyptischer Liebeslyrik als auch die Hochzeitslieder der Mesopotamier:

„Wie ein scharlachrotes Band
ziehn sich deine feinen Lippen.
Deine Wangen hinterm Schleier
schimmern rötlich wie die
Scheibe
eines Apfels vom Granat-
baum …
Deine Brüste sind zwei Zicklein,
Zwillingsjunge der Gazelle,

die in Blumenwiesen weiden.“
(Hoheslied 4, 3 und 5)

Das Hohelied ist nicht das einzige poetische Werk, das aus dem Nahen Osten der Antike überliefert ist. In anderen Dichtungen planen die Liebenden geheime romantische Treffen, wie etwa in diesem mesopotamischen Text:

„Trete vor deine Mutter
und schwindele sie an,
dann können wir uns im
Mondenschein
unserer Leidenschaft hingeben.“

Im Vorderen Orient redeten sich Liebende im allgemeinen als „Bru-

der“ und „Schwester“ an – die bildhafte Sprache, die sie verwendeten, war allerdings eher zärtlich-verlangend als geschwisterlich:

„Mein Bruder, es tut gut, ein
Bad im Teich zu nehmen,
vor dir zu baden,
so daß du meine Schönheit in
meinem Gewand aus feinem
Leinen sehen kannst,
wenn es naß ist …
Ich gehe mit dir hinunter zum
Wasser
und komme wieder heraus mit
einem roten Fisch,
der sich wunderschön in meine
Hände schmiegt.
Komm! Schau mich an!“

Holz, Rohr oder Knochen gefertigte Halil (Pfeife), das aus Horn bestehende Qeren (Kornett) sowie der Schofar, ein Widderhorn. Darüber hinaus kannte man auch eine Trompete aus Metall, die vorrangig als Kriegsinstrument Verwendung fand.

Musikalische Darbietungen bildeten einen unverzichtbaren Bestandteil religiöser Zeremonien. In den Tempelvorhöfen erklang das Spiel der Flöten, und riesige Kesseltrommeln, die von jeweils zwei Priestern geschlagen und manchmal von Stierhornbläsern begleitet wurden, erzeugten einen unbeschreiblichen Lärm, der in den Überlieferungen oft als „volltönende Musik“ bezeichnet wurde, von der eine Stadt widerhallte.

Auch bei den Israeliten spielten Musik und Tanz eine große Rolle. So wird in der Bibel beschrieben, wie König David in heiligem Jubel ausgelassen mit dem Volk

Süßer Klang: Diese Harfenspielerin übte ihre Kunst am assyrischen Hof in Ninive aus.

tanzte. Im Tempel von Jerusalem gaben Sänger, die von Harfenspielern begleitet wurden, abwechselnd Liedzeilen zum besten, wobei der Schlag der Zimbeln den Rhythmus bestimmte. Bei den Israeliten genossen Musiker ein solches Ansehen, daß ihr Berufsstand im 1. Buch Mose mit dem der angesehenen Metallarbeiter oder Herdenbesitzer gleichgesetzt wird. Auch der assyrische König Sanherib war offenbar hoch erfreut über die Musikanten, die er als Tribut vom judäischen Herrscher Hiskija erhielt, denn er prahlte mit ihrem Können.

Freizeitvergnügen

Schon in biblischer Zeit liebten es Kinder, mit Spielzeugpfeifen und Rasseln zu lärmen; bei anderen Zeitvertreiben, z. B. dem „Hochzeitsspiel“, ahmten sie die Erwachsenen nach. Der Prophet Sacharja konnte sich nichts Idyllischeres vorstellen, als „die Straßen der Stadt voller spielender Jungen und Mädchen“ zu sehen. Sie hatten Kreisel und Spielzeugtiere, die sie an einer Schnur hinter sich herziehen konnten, und vergnügten sich mit Murmeln.

Jugendliche und Erwachsene übten sich in sportlichen Betätigungen, beispielsweise im Bogenschießen, und trainierten ihre Fertigkeiten im Umgang mit der Schleuder. Viele beliebte Sportarten waren zunächst eine Domäne der Griechen, gelangten um das 3. Jh. v. Chr. jedoch bis in den Nahen Osten; organisierte Ringkämpfe nach bestimmten Regeln kannte man sogar sehr viel früher. Eine beliebte Zuschauerattraktion stellten die gefährlichen Streitwagenrennen dar, bei denen viele Besucher Wetten auf den Ausgang der Rennen abschlossen.

LEIDENSCHAFTLICHE SPIELER

Außer beim Wetten vergnügten sich die Menschen in ihrer Freizeit auch bei diversen Glücksspielen, die mit Würfeln oder kleinen Perlen gespielt wurden. Scheiben und kleine vierseitige Pyramiden dienten als eine Art Würfel – im 16. Jh. v. Chr. benutzte man teilweise bereits den auch heute gebräuchlichen sechsseitigen Würfel –, die man auch für verschiedene Brettspiele benötigte. So kannte man eine Art „Mensch-ärgere-dich-nicht", das auf einem Brett mit 20 Quadraten gespielt wurde und vom südlichen Mesopotamien bis hinunter zum Nil verbreitet war. Auch andere Würfelspiele erfreuten sich großer Beliebtheit. Bei einer ägyptischen Variante „jagten" sich Elfenbeinfiguren in Form von Hunden und Schakalen gegenseitig um eine Palme. Außerdem entdeckten Archäologen antike Spiele, die große Ähnlichkeit mit Schach und Backgammon aufwiesen. Die häufig kunstvoll gearbeiteten Spielbretter aus Holz, Stein oder Elfenbein besaßen sogar eingebaute Schubladen für die Spielsteine.

Häufig begleiteten Frauen Gesang und Tanz auf dem Tamburin, um den Rhythmus vorzugeben.

DAS FEST DER FESTE

In allen Kulturen des Vorderen Orient gab es eine Reihe besonderer Feste, die für einige Zeit den gleichförmigen Alltag in den Hintergrund drängten. Keine der Feierlichkeiten konnte es jedoch hinsichtlich Glanz und Prunk mit den aufwendigen Neujahrsfesten der Babylonier und Assyrer aufnehmen. Die Festlichkeiten dauerten elf Tage; dabei fanden spektakuläre Umzüge statt, und es wurden Schauspiele mit Gesang aufgeführt, die darstellen sollten, wie die Götter die Kräfte des Chaos überwanden und das Mandat des Königs um ein weiteres Jahr verlängerten. Das Festjahr näherte sich seinem Höhepunkt, wenn der Nisan, der Monat der Tagundnachtgleiche, nahte. Dann arbeiteten die besten Handwerker an kostbaren Götterbildern, die man für die bevorstehenden Rituale benötigte, und ausländische Prinzen und andere Würdenträger trafen am Hof ein.

Die ersten vier Tage des Nisan waren Reinigungsritualen und heiligen Beschwörungen hinter den Tempelmauern vorbehalten. Am fünften Tag begannen die Menschenmassen, die sich auf den Straßen versammelt hatten, zu klagen, denn man glaubte, der höchste Gott Babylons, Marduk, sei in die Unterwelt gegangen und habe die Stadt ohne seinen Schutz zurückgelassen. Die Spannung stieg am sechsten Tag mit der Ankunft der Götterbilder aus anderen Städten. Darunter

Archäologen fanden bei Ausgrabungen im Nahen Osten eine Fülle von Brettspielen (oben) und die dazugehörigen Spielsteine und Würfel (rechts). Man vergnügte sich u. a. mit Spielen, die an Schach, Dame, Mensch-ärgere-dich-nicht und Solitär erinnern.

Freuden des Tanzes: Ein Relief aus dem alten Ägypten zeigt tanzende Frauen, die auf Handtrommeln den Takt schlagen. Auf der rechten Seite der Darstellung erkennt man Männer, die ihre Arme spielerisch erhoben haben.

„Der Herr von Babylon schreitet voran – das ganze Land kniet vor ihm nieder."

Danach erfreute man sich an Aufführungen von der Erschaffung des Himmels und der Erde, die an einem im Garten befindlichen Heiligtum gespielt wurden. Der Sieg der Götter über das urzeitliche Chaos wurde anschließend mit einem königlichen Festmahl gefeiert. Am nächsten Tag kehrte die Prozession in die Stadt zurück, wo sie von den Massen mit großem Jubel empfangen wurde. Am selben Abend führten der König und eine Priesterin die Hochzeit des Gottes und der Göttin in einem Schauspiel auf. Zu den offiziellen Zeremonien zählte auch eine Versammlung der Götter, bei der das Schicksal der Menschen für ein weiteres Jahr bestimmt wurde. Am zwölften Tag des Nisan verließen die Gäste die Stadt, und der Alltag kehrte allmählich wieder ein.

befand sich auch das Bildnis von Marduks Sohn Nabu. Bei dieser Gelegenheit drängte sich eine große Menschenmenge am Flußufer zusammen, um die Götterbilder zu betrachten, die von heiligen Booten abgeladen wurden, während der König Trankopfer vergoß.

Am nächsten Tag wurde das goldene Abbild Marduks wieder in der Zikkurat aufgestellt; damit war die Herrschaft des Gottes wiederhergestellt. Am achten Tag legte sich eine ernste, erwartungsvolle Stille über die Stadt, während der König und die Priesterschaft in der Abgeschiedenheit des Tempels einer Versammlung der Götter beiwohnten. Dabei wurden sämtliche Götterbildnisse in einer verbindlich festgelegten Ordnung vor dem Abbild Marduks aufgestellt.

Schließlich kam der 9. Nisan – der Tag, auf den die Bevölkerung besonders gewartet hatte. Angeführt von Marduk und seiner Gattin Ischtar, transportierte man die Götterbilder in einem feierlichen Umzug aus der Innenstadt hinaus, wobei sie vom König und einer gewaltigen Menschenmenge begleitet wurden. Die Prozession zog langsam zum Festtempel, der inmitten eines herrlich angelegten Gartens jenseits der Stadtmauern lag. Geblendet vom Anblick der Götterbilder und mit schwerem Kopf von den in der Luft hängenden Weihrauchschwaden und dem durchdringenden Klang der Flöten, tat das Volk mit lautem Schreien seinen Beifall kund, als der König die Nationalgottheit ansprach:

DIE FREUDEN DER WALLFAHRT

Die Familien der ersten Israeliten trafen sich bei religiösen Festen zu einer Art Familienpicknick, bei dem sie den hierbei servierten Lammeintopf mit reichlich Wein hinunterspülten. Tanz und Gesang rundeten dann den Tag ab. Im Lauf der Zeit konzentrierten sich die Feierlichkeiten jedoch immer mehr auf den Tempel von Jerusalem, und zahlreiche Wallfahrer pilgerten in die Stadt.

Eines der bedeutendsten Feste der Israeliten war das Passafest, mit dem sie ihrer Befreiung aus

---

HÄTTEN SIE'S GEWUSST?

Der Grund dafür, daß das Hohelied Salomos in den biblischen Kanon aufgenommen wurde, liegt laut Überlieferung in der Überzeugungskraft eines ehrbaren Rabbis namens Akiva, der um das Jahr 100 lebte. Von ihm ist auch folgende Aussage überliefert: „Derjenige, der dieses Lied nur zur Unterhaltung singt, als wäre es ein weltliches Lied, wird keinen Platz in der kommenden Welt haben."

Ein königlicher Sport

Die Jagd galt ursprünglich als heilige königliche Pflicht. Sie diente vor allem dazu, die Zahl der gefährlichen Raubtiere, etwa Löwen und Bären, zu kontrollieren und die Größe der Gazellen- und Wildeselherden in Grenzen zu halten, da diese der Ernte beträchtlichen Schaden zufügen konnten. Mit der Zeit nahmen die Tierbestände jedoch drastisch ab, und es wurden Parks geschaffen, in denen man wilde Tiere aussetzte.

Die Jagdleidenschaft der Herrscher nahm teilweise unglaubliche Ausmaße an. So erlegte der assyrische König Tiglatpileser I. gegen Ende des 12. Jh. v. Chr. auf einer seiner 28 Expeditionen gegen die Aramäer einer schriftlichen Aufzeichnung zufolge 920 Löwen und vier Elefanten. Er versuchte sich auch im Fischen und harpunierte im Mittelmeer einen Nahiru, möglicherweise einen Wal oder einen Delphin.

Der syrische Löwe, eine Unterart des Königs der Tiere, war infolge der Nachstellung durch die königlichen Jäger von der Ausrottung bedroht. Die Könige behalfen sich damit, daß sie die Anzahl der Tiere durch Zuchtprogramme erhöhten und afrikanische Löwen importierten. Die in Käfigen gehaltenen Löwen wurden in den Parks freigelassen, wo sie dann von berittenen Jägern verfolgt und mit Pfeilen kampfunfähig gemacht wurden. Dann tötete man sie entweder mit einem Speerwurf oder einem Schwertstoß.

Löwen waren jedoch nicht die einzigen Tiere, die man in königliche Parks sperrte. So sammelten die assyrischen Monarchen große Bestände an Gazellen, Hirschen, Leoparden, Bären, Elefanten und den heute ausgestorbenen Wildochsen an, die sich auch das gewöhnliche Volk anschauen durfte.

Blutiges Vergnügen: Diese Reliefs aus Ninive zeigen den assyrischen König Assurbanipal bei der Löwenjagd.

In einer Prozession ziehen Bauern zu ihrem örtlichen Heiligtum, um die erfolgreiche Gerstenernte zu feiern.

ägyptischer Gefangenschaft gedachten. Das Ereignis hatte seine Wurzeln vermutlich in vorbiblischen Frühlingsriten, u. a. in einem Fest des Lammes sowie einem weiteren Fest, welches das Einbringen der Frühjahrsgerste kennzeichnete.

Anläßlich der Feierlichkeiten schlachtete jede Familie ein männliches Lamm und strich eine kleine Menge von seinem Blut auf die Türpfosten. Das Fleisch des Tieres wurde gebraten und im Lauf der folgenden Nacht gegessen. Zum Fleisch reichte man einfaches, ungesäuertes Gerstenbrot, das auch während der nächsten sieben Tage als Nahrung diente. Sieben Wochen später feierte man *Schawuot* (Wochenfest) zum Dank für die Weizenernte. Hierbei schnitten die Familienoberhäupter die ersten Getreidegarben und brachten diese anschließend mit anderen frischgeernteten Früchten, beispiels-

weise Feigen und Trauben, als Opfergaben zu den Priestern des Tempels.

Ein weiteres Fest war *Sukkot* (Laubhüttenfest), das man ursprünglich in den zahlreichen Olivenhainen und Weinbergen beging, um die Ernte zu feiern. Auch in den Städten wurde diese Tradition übernommen: Die Familien verbrachten die mehrtägigen Feierlichkeiten in den Gärten oder auf den Dächern ihrer Häuser in kleinen Laubhütten. Während des Laubhüttenfestes, der wichtigsten Feier des israelitischen Jahres, herrschte eine ausgelassene Stimmung. So berichten die Propheten über fröhliches und lautes Geschrei unter den Menschen. Im Lauf der Zeit nahmen die Feiern den Charakter eines Neujahrsfestes an, bei dem der König göttlichen Beistand für das nächste landwirtschaftliche Jahr erbat.

Körper, Geist und Seele

Der Alltag der Menschen in biblischer Zeit war geprägt von vielfältigen religiösen Vorstellungen. Während die Israeliten nur einen einzigen Gott verehrten, huldigten die meisten Völker des Nahen Ostens zahlreichen Göttern, deren Willen sie bei feierlichen Zeremonien erkundeten. Riten hatten auch in der Medizin eine große Bedeutung – neben dem Wissen um die heilenden Kräfte der Natur kannten die Ärzte Zaubersprüche, mit deren Hilfe Krankheiten vertrieben werden sollten.

SCHÖPFUNGSGESCHICHTEN

Die Menschen zur Zeit des Alten Testaments hatten mit vielerlei Gefahren zu kämpfen.

Besonders die von erzürnten Göttern herbeigeführten gewaltigen Sintfluten sind

Gegenstand zahlreicher nahöstlicher Legenden.

Generationen von vorderorientalischen Priestern, Dichtern und Balladensängern überlieferten phantasievolle Geschichten über Ursprung und Entstehung des Lebens. Besonders der lautenspielende Balladensänger, der sogenannte Nar, besaß ein umfangreiches Repertoire an Erzählungen, die er vor seinen faszinierten Hörern zum besten gab. Ein Teil dieser Geschichten ist bis zum heutigen Tag erhalten geblieben, da man einige Fragmente des umfangreichen Sagenguts in den königlichen Büchereien der Assyrer und in den Ruinen alter babylonischer Bauwerke fand.

Und Gott befahl: „Die Erde soll grün werden ..." (1. Mose 1, 11); Detail aus einem mittelalterlichen jüdischen Manuskript.

ENTSTEHUNG AUS DEM CHAOS

Sowohl in Ägypten als auch in Mesopotamien existierten unterschiedliche Schöpfungsvorstellungen. Beispielsweise erhob sich nach Meinung der alten Ägypter aus dem Wasser ein Berg, auf dessen Gipfel der Sonnengott thronte und von hier aus das Universum schuf. Diese Vorstellung beruhte auf dem Bild der fruchtbaren Hügel, die jedes Jahr nach dem lebenspendenden Nilhochwasser aus den Fluten hervortraten. In der Mythologie blieb diese Ansicht über Jahrtausende im wesentlichen erhalten, obwohl sich etwa um 700 v. Chr. die Vorstellung durchsetzte, daß der Schöpfergott seine Wunder durch reine Willenskraft vollbrachte.

Für die meisten Mesopotamier, die in den fruchtbaren Überschwemmungsebenen von Euphrat und Tigris lebten, war der Ursprung der Schöpfung offensichtlich, da sie sahen, daß das Leben vor allem in den üppigen Schilfgebieten, wo Fluß und Meer ineinander übergingen, prächtig gedieh. Aus der Beobachtung der Natur und aufgrund ständiger Gefahren, die durch Überschwemmungen und Zeiten

DAS DACH DER WELT

Die Völker des alten Nahen Ostens betrachteten den Kosmos als einen Ort, der aus Wasser bestand und in dem der Himmel und die Erde wie in einem umgestülpten Goldfischglas eingeschlossen waren. Die Menschen glaubten, daß ein riesiges Gewölbe, das von einer Gebirgskette getragen wurde, die gesamte Erde überspannte. Diese Kuppel, an der außerdem die Gestirne befestigt waren, hielt das Wasser zurück – es sei denn, der große Zorn der Götter entfesselte eine gewaltige Sintflut.

Unter der Erdoberfläche befand sich der Abgrund, die sogenannte Große Tiefe der unterirdischen Wasser (das biblische Tehom), die in Form von Quellen und Flüssen an die Oberfläche sprudelten. In beklemmender, unmittelbarer Nähe des Abgrundes befand sich auch der düstere Ort der Toten.

Diese Vorstellung wird in Psalm 104 poetisch ausgedrückt, der beschreibt, wie der Herr „ ... die Erde auf Pfeilern erbaut", „wie ein Zeltdach ... den Himmel" ausgespannt hat und wie „die Fluten ... das Land bedeckt" hatten: „über den höchsten Bergen stand das Wasser" (Psalm 104, 5–6).

Diese Illustrationen zeigen verschiedene Stadien der Schöpfung (hebräisches Manuskript aus dem 14. Jh.).

großer Dürre drohten, schlossen die Menschen, daß ein kosmischer Kampf zwischen Ordnung und Chaos herrschen müsse.

KAMPF DER GOTTHEITEN

Zur Zeit des Alten Testaments drückte sich diese Vorstellung in einem Schöpfungsepos aus, das bei den Neujahrsfeierlichkeiten in den Hauptstädten der Assyrer und Babylonier gesungen wurde. Die bedeutendste Rolle spielten dabei jeweils die Nationalgötter der beiden Völker, Marduk und Assur. Die nach ihrer Einführungszeile *Enuma Elish* (der Himmel in der Höhe) genannte Erzählung berichtet davon, wie am Anfang nichts existierte außer den urzeitlichen Süß- und Salzwassern, Apsu und „Mutter" Tiamat. Apsu und Tiamat (der akkadische Name bedeutet einfach „Meer") vereinigten sich und brachten eine wilde Brut göttlicher Geschöpfe hervor, die der Überlieferung nach äußerst ungestüm und rebellisch waren:

Als der Himmel in der Höhe noch keinen Namen hatte,
der feste Boden unten noch nicht beim Namen genannt war,
niemand außer dem urzeitlichen Apsu, ihrem Erzeuger,
und Mummu-Tiamat, die sie alle gebar,
vereinigten sich ihre Wasser zu einem einzigen Körper.
Keine Schilfhütte war mit Matten verlegt, kein Marschland hervorgetreten,
als noch keine Götter erstanden waren.
Nicht beim Namen genannt und mit unbestimmtem Schicksal –
in dieser Zeit wurden in ihnen die Götter geschaffen.

Als sich Ea, eine der Gottheiten, gegen Apsu erhob und ihn unterwarf, erschuf die erzürnte Tiamat eine weitere Gruppe von Göttern, die ihr helfen sollten,

125

TOCHTER DES MONDES

Die bedeutendste Göttin des gesamten mesopotamischen Pantheons war Ischtar, die von den Sumerern Inanna genannt wurde und meist als Tochter des Mondgottes Nanna galt. Ihre überragende Stellung verdankte sie ihrer Doppelfunktion als Göttin des Venus-Sterns und der Liebe sowie als Göttin des Krieges. Da sie einen ausgeprägten Charakter besaß, verdrängte sie allmählich alle anderen weiblichen Gottheiten, so daß ihr Name nur noch mit „die Göttin" gleichgesetzt wurde.

ihren eigenen Nachwuchs zu bekämpfen. In der babylonischen Version des Epos heißt es, daß die göttlichen Nachkommen den jungen Marduk, Sohn des Gottes Ea, zum Favoriten wählten.

Marduk bewaffnete sich u. a. mit Keule und Bogen, den vier Winden und einem Netz. Nachdem er einen Fluch ausgesprochen hatte, bestieg er seinen Streitwagen, der von vier Rössern gezogen wurde. Er erzürnte Tiamat, welche die Gestalt einer riesigen Meeresschlange angenommen hatte, indem er sie zum Kampf herausforderte. Als sie ihn schon fast besiegt und halb verschlungen hatte, rief er einen gewaltigen Sturm hervor. Dieser fuhr in Tiamats Bauch, so daß ihr Rachen weit aufgerissen wurde. Marduk nutzte die Gunst der Stunde und schoß einen Pfeil in den geöffneten Schlund der Schlange, der die Innereien aufriß und das Herz durchbohrte.

Während sich seine Feinde demütig unterwarfen, brach Marduk die Leiche Tiamats wie eine Muschel auf. Mit der einen Hälfte errichtete er das Himmelsfirmament und mit der anderen das trockene Land, wobei er die Wasser des Chaos zurückhielt und ihnen ihren Platz zuwies. Die Götter ihrerseits erschufen die Menschheit: Sie vermengten das Blut des Anführers von Tiamats Streitkräften mit Lehm und formten daraus die Menschen, deren Aufgabe vor allem darin bestand, den Gottheiten zu dienen.

DIE GROSSE FLUT

Die Menschen, die zur Zeit des Alten Testaments lebten, konnten vor den Launen der Götter und den Naturgewalten nie sicher sein. Geschichten über eine von den Göttern herbeigeführte Sintflut gehen bis auf die Zeit der Sumerer zurück. In der frühesten bekannten Version wird ein frommer König namens Ziusudra von dem göttlichen Plan erschüttert, die „Samen der Menschheit" zu vernichten. Er rettet sich, indem er für sich und alle anderen Lebewesen ein großes Schiff baut, auf dem er der Überschwemmung trotzt, bis ihn der Sonnengott endlich mit seinen trocknenden Strahlen erlöst.

Der Anbruch der Nacht bringt einzigartige Farbspiele in der judäischen Landschaft hervor. Die harten Lebensbedingungen, mit denen die Bewohner dieser Region zu kämpfen hatten, trugen dazu bei, ihren religiösen Glauben zu formen.

Auf dieser Tafel ist die Geschichte von der gewaltigen Flut dargestellt, über die in dem mesopotamischen Epos von Gilgamesch berichtet wird.

Einer späteren babylonischen Überlieferung zufolge beschlossen die Götter, die Flut zu schicken, weil die Menschheit zu aufsässig wurde. Ein Mann namens Utnapischtim wurde vom Gott Ea auserkoren, eine große Arche zu bauen, in der er seine Familie, seine Handwerker und „die Tiere und wilden Geschöpfe des Feldes" unterbrachte. Die Sintflut, die folgte, war angeblich so gewaltig, daß sich selbst die Götter vor Angst verkrochen. „Alles Licht verwandelte sich in Dunkelheit ... das Wasser stieg bis über die Bergesgipfel", berichtete Utnapischtim. Als sich die Schleusen des Himmels schlossen, öffnete er ein Fenster seiner Arche und weinte, da er erkennen mußte, daß überall Wasser war. Utnapischtim ließ eine Taube frei, die nirgendwo einen Nistplatz fand und daher zur Arche zurückkehrte. Danach ließ er eine Schwalbe fliegen, die ebenfalls wiederkam. Zuletzt ließ er einen Raben frei, der nicht wiederkehrte. Da schenkte er seiner lebenden Fracht die Freiheit, und auf einem Berggipfel bereitete er ein so köstliches Opfer, daß die besänftigten Götter „ihn wie Fliegen umschwärmten".

Auch die biblische Sintflut endet mit einem Opfer und dem Versprechen Gottes, nie wieder ein solch großes Unheil über die Menschheit kommen zu lassen: „Noah baute einen Opferaltar für den Herrn, nahm von allen reinen Tieren und Vögeln je eins und brachte sie darauf als Brandopfer dar. Der Herr freute sich über den Duft des Opfers und sagte zu sich selbst: ‚Ich will die Erde nicht noch einmal bestrafen und alles Leben auf ihr ausrotten, nur weil die Menschen so schlecht sind. Ihr Denken und Tun ist nun einmal böse von Jugend auf. Solange die Erde besteht, folgen in stetem Wechsel Aussaat und Ernte, Frost und Hitze, Sommer und Winter, Tag

ANTIKE ABENTEURER

Bereits in vorchristlicher Zeit begeisterten die Erlebnisse des wagemutigen Gilgamesch die Völker des Nahen Ostens.

Das im 2. Jt. v. Chr. entstandene Gilgamesch-Epos ist das bedeutendste Werk der babylonischen Literatur. Die Erzählungen handeln vor allem von Freundschaft, Schicksal sowie hohem menschlichem Streben.

Gilgamesch, der historisch nicht eindeutig belegte Held des Epos, war ein starker und gutaussehender Prinz aus Uruk (dem biblischen Erech), dessen Mutter als Göttin im Dienst des Sonnengottes Schamasch stand. Dies machte Gilgamesch zu einem Halbgott, der aber im Gegensatz zu den richtigen Göttern sterblich war. Der junge Mann erregte bald das Mißfallen der Götter, da er den verheirateten Frauen nachstellte und die heilige Kesseltrommel zum Spaß schlug. Um ihn in seine Schranken zu weisen, schufen die Gottheiten einen haarigen, wilden Mann namens Enkidu, der es mit Gilgamesch kräftemäßig aufnehmen konnte.

Um Enkidu zu besänftigen, bediente sich Gilgamesch einer Verführerin aus dem Tempel, die „sich nicht zierte, als sie (Enkidus) Leidenschaft empfing …" Kurz danach trafen Gilgamesch und Enkidu aufeinander. Die beiden rangen wie wilde Stiere, stießen Türpfosten um und ließen die Mauern erbeben, bis Gilgamesch erkannte, daß er einen ebenbürtigen Gegner gefunden hatte, und Enkidu umarmte. Die ehemaligen Widersacher wurden schnell die besten Freunde und bestanden gemeinsam viele Abenteuer, etwa eine Expedition in die Wälder des Libanon, wo sie einen feuerspeienden Riesen erschlugen und einige der berühmten Zedern fällten. Die Göttin der Liebe, Ischtar, war so von Gilgamesch beeindruckt, daß sie ihm ihre Gunst anbot – da er wußte, daß dies für Sterbliche den Tod bedeutete, wies er sie jedoch zurück. Die verschmähte und gekränkte Göttin

Moment der Entscheidung: Enkidu hält den Stier des Himmels fest, so daß ihm Gilgamesch mit seinem Schwert den tödlichen Stoß versetzen kann.

ließ aus Rache den Himmelsstier frei, ein Ungeheuer, das Hunderte von Menschen mit einem einzigen Schnauben töten konnte, da sein heißer Atem der Wüstenwind war. Erneut triumphierten die Partner, indem Enkidu mit dem Stier rang, bis Gilgamesch diesen mit einem Schwertstoß töten konnte.

Nach der Heimkehr der Gefährten strafte Ischtar Enkidu mit einer Krankheit, die schließlich zu seinem Tod führte. Seines besten Freundes beraubt, versuchte Gilgamesch nun, eine Antwort auf die Frage nach dem Sinn des Lebens zu finden. Er wanderte durch die Öde der sengend heißen Wüste, bis er schließlich an das Ende der Welt gelangte. Ein Berg mit zwei Gipfeln, der von Skorpionmännern mit leuchtenden Heiligenscheinen bewacht wurde, trug das Dach des Himmels.

Die Skorpionmänner bewunderten Gilgameschs Mut und ließen ihn einen Tunnel unter dem Berg betreten. Nachdem er sich kilometerweit durch die Dunkelheit gearbeitet hatte, gelangte er schließlich in einen Garten voller edelsteingleicher Früchte, die im Sonnenlicht glitzerten. Von hier folgte er dem Pfad der Sonne zu den Wassern des Todes, die er mit großem Wagemut und der Hilfe eines Fährmannes überquerte. Auf der anderen Seite traf er Utnapischtim, den mesopotamischen Noah, dem die Götter wegen seiner Verdienste bei der Sintflut die Unsterblichkeit geschenkt hatten. Dieser weihte Gilgamesch in das Geheimnis des ewigen Lebens ein: Auf dem Meeresgrund existierte angeblich eine „Pflanze des Lebens", durch die man unsterblich werden konnte. Tatsächlich gelang es Gilgamesch, die geheimnisvolle Pflanze zu finden, doch auf der Rückreise nach Uruk wurde sie ihm von einer Schlange gestohlen.

Die Moral von der Geschichte wird in wenigen Zeilen als guter Rat vermittelt: „Also, Gilgamesch, nimm dein Schicksal an. Wasche und bade dich, ziehe frische Kleider an. Iß gut, tanze, singe und spiele. Mache jeden Tag und jede Nacht zu einem Fest. Freue dich an deiner Frau und dem kleinen Kind an deiner Hand. Denn dies ist die Bestimmung der Menschheit."

Auf diesem mittelalterlichen sizilianischen Mosaik windet sich die Schlange um den „Baum der Erkenntnis von Gut und Böse". Die Darstellung zeigt Adam und Eva im Garten Eden, als sie der verbotenen Frucht – der Versuchung – nicht widerstehen können.

ÄRGER IM PARADIES

In den Erzählungen der Bibel findet man einige Ähnlichkeiten mit den Überlieferungen der Babylonier und Assyrer. Neben den bekannten Beispielen wie der Geschichte von der Sintflut und den urzeitlichen Wassern der Schöpfung gibt es noch weitere Parallelen: So gibt es Übereinstimmungen zwischen der Schöpfung Evas aus Adams Rippe und einer aus dem 3. Jt. v. Chr. stammenden Darstellung über das Paradies der Sumerer. In dem Garten der Götter wuchsen – ähnlich dem biblischen Garten Eden – bestimmte Pflanzen, die der Muttergöttin heilig waren. Als der Gott Ea der Versuchung erlag und von den Pflanzen kostete, wurde er u. a. mit Rippenverletzungen bestraft. Um ihn zu heilen, wurde eine Göttin der Heilung namens Ninti gezeugt. Dieser Name bedeutet „Frau der Rippe", kann aber auch mit „die Frau, die das Leben macht" übersetzt werden, da sich die Wörter für „Rippe" und „Leben" in der sumerischen Sprache ähnelten.

und Nacht. Diese Ordnung ist unumstößlich'" (1. Mose 8, 20–22).

Jahreszeitlich bedingte Überschwemmungen und Dürreperioden wurden häufig mit dem Verschwinden oder Tod einer Gottheit begründet. So wurde einer Überlieferung zufolge der Göttin Inanna durch die Hand ihrer Schwester und Feindin, einer Göttin des Todes, qualvolle Schmach zugefügt. Sie wurde in die Unterwelt verbannt, aus der sie nur freikam, indem sie ihren Geliebten Dumuzi, den Gott der sprießenden Vegetation, als ihren Stellvertreter benannte. Die Geschichte endete mit einem Kompromiß – Dumuzis Schwester Geschtinnana, die Göttin der Traubenernte, folgte ihrem Bruder in die Unterwelt, in der beide jeweils eine Hälfte des Jahres verbringen mußten.

„MENSCHLICHE" GÖTTER

Die Völker des Vorderen Orient hielten ihre Götter für Wesen aus Fleisch und Blut und stellten sie auch entsprechend dar. So hatten die Gottheiten die gleichen Bedürfnisse und Gefühle wie die Menschen. Sie aßen und tranken, kannten Trauer und Liebe und gebärdeten sich ab und an äußerst launisch, was die Menschheit oft zu spüren bekam. Einen großen Unterschied gab es jedoch: Krankheit und Tod waren den Göttern unbekannt.

GÖTTER UND MENSCHEN

Die Völker in biblischer Zeit maßen ihren Gottheiten große Bedeutung zu – persönliches

Schicksal und natürliche Erscheinungen wurden ihrem launischen Wesen zugeschrieben. Daher

versuchte man, die Unsterblichen durch zahlreiche Opfergaben günstig zu stimmen.

Auf diesem Amulett aus dem 6. Jh. v. Chr. befindet sich der Name des israelitischen Gottes Jahwe.

Im Vorderen Orient des 2. Jt. v. Chr. stellte die Religion einen wesentlichen Bestandteil des menschlichen Lebens dar. Jede Kultur kannte verschiedene Götter, die das Schicksal bestimmten und die man durch zahlreiche Opfer zu bewegen versuchte, das persönliche Los zu verbessern oder Katastrophen abzuwenden. Die Menschen gingen davon aus, daß alle natürlichen Phänomene eine übernatürliche Ursache hatten; dabei maßen sie – abhängig von den jeweiligen Gegebenheiten – einigen Gottheiten besonderes Gewicht bei. So spielte in Mesopotamien der Himmelgott An eine wichtige Rolle. Er hatte sich zwar zurückgezogen, um seinem Sohn Enlil Platz zu machen, doch in schwierigen Situationen stand er seinem Nachkommen stets tatkräftig zur Seite. Außerdem verehrte man beispielsweise den Sonnengott (sumerisch Utu, akkadisch Schamasch), den Bruder der Liebesgöttin Ischtar (sumerisch Inanna), der u. a. als Gott des Rechts, Gerichts und der Orakel galt.

Um den vielfältigen Bedürfnissen der einzelnen Menschen zu entsprechen, erdachte man immer mehr Götter, die allerdings nicht alle gleich bedeutend waren oder mit der Zeit an Geltung verloren. Um 2600 v. Chr. listeten z. B. die unermüdlichen sumerischen Schreiber ungefähr 560 Gottheiten auf. Trotz dieser Vielzahl an Göttern gab es eine hierar-

chische Ordnung, die nicht nur den staatlichen, sondern auch den familiären Bereich widerspiegelte. So besaßen jede Stadt und jeder Stamm ein lokales Pantheon mit einer bestimmten Gottheit – die sowohl männlich als auch weiblich sein konnte – an der Spitze, beispielsweise der Himmelgott in Uruk, der Mondgott in Ur und der Sonnengott in Larsa und Sippar, um nur einige zu nennen. Jeder Mensch hatte ein Mitglied der Götterversammlung als per-

Die nahöstlichen Kulturen kannten viele Gottheiten, die sie bestimmten Tätigkeiten zuordneten.

sönlichen Schutzgott (ähnlich dem christlichen Schutzengel), der zwischen ihm und den großen Göttern vermittelte. Bedingt durch das große Wachstum einzelner Stadtstaaten und Reiche erreichten einige Götter eine Geltung, die weit über ihren ursprünglichen Rang hinausreichte.

GÖTTER UND HEILIGTÜMER

Während viele Götter nur eine regional begrenzte Bedeutung hatten, verfügten andere über einen wesentlich größeren Einflußbereich. So gelangte um das 1. Jt. v. Chr. der babylonische Gott Marduk, der Sohn des Wassergottes Enki, an die Spitze des mesopotamischen Pantheons. Marduk löste Enlil ab, den Gott der Lüfte, der anfangs in Mesopotamien den Vorsitz der Götterversammlung innehatte. Großes Ansehen besaß auch der Gott Baal: Der Name, der übersetzt soviel wie Herr oder Meister bedeutet, bezeichnete gewöhnlich den Wettergott (akkadisch Adad, nordwestsemitisch Hadad), der in ver-

Populäre Gottheit: Bildnisse unbekleideter Frauen stellen meist die hochgeachtete Göttin Ischtar dar.

schiedenen lokalen Erscheinungsformen verehrt wurde.

Eine Gottheit regte in besonderem Maß die Phantasie der Menschen im Nahen Osten an – die mesopotamische Göttin Ischtar, die von den Sumerern Inanna genannt wurde. Sie war Liebes- und Kriegsgöttin in einer Person. Daher bezeichnete man sie sowohl als „Dame des Himmels" als auch als „Dame des Kummers und Krieges". Die Menschen verehrten sie, da sie zwischen den höchsten Gottheiten vermittelte.

Auf die meisten Völker des Vorderen Orient übten die Abbilder der Gottheiten eine große Anziehungskraft aus. So wurden im Kriegsfall die Tempel des Feindes nicht nur aufgrund der in ihnen verwahrten Schätze geplündert, sondern vor allem wegen der psychologischen Wirkung, welche die Erbeutung von Götzenbildern des Gegners hatte. Als einziges Volk des Nahen Ostens schufen die Israeliten kein Bildnis von ihrem Gott. Ihr bedeutendstes Heiligtum bestand in einem tragbaren Schrein, der sogenannten Bundeslade. Sie enthielt mehrere Steintafeln, auf denen die Zehn Gebote festgehalten waren. Der Lade wurden übernatürliche Kräfte zugeschrieben; sie zu berühren oder einen Blick hineinzuwerfen, galt als absolut tödlich.

Die Regenten des alten Orient kümmerten sich besonders um Kult und Heiligtum ihrer lokalen Gottheit. Beispielsweise wurden für den Bau und die Ausschmückung der Tempel weder Kosten noch Mühen gescheut, da jeder Herrscher seinen Vorgänger in den Schatten stellen wollte. „Ich überzog seine Wände mit glänzendem Gold", schrieb der babylonische König Nebukadnezar über das Heiligtum, welches er zu Marduks Ehren errichten ließ. „Ich war es, der es wie die Sonne strahlen

Ein Relief aus einer jüdischen Synagoge im galiläischen Kapernaum gibt eine neutestamentliche Darstellung der Bundeslade wieder (oben). Dieser Stich aus dem 16. Jh. zeigt, wie Gläubige das Heiligtum um Jericho tragen (rechts).

DIE MACHT DER MAGISCHEN ZAHLEN

Im Zeitalter der Bibel schrieb man bestimmten Zahlen große symbolische Bedeutung sowie mystische Kräfte zu. So repräsentierte die „Sieben" die Summe der Himmelskörper, die man bereits in frühester Zeit identifiziert und beobachtet hatte – die Sonne, den Mond und die fünf Planeten Merkur, Venus,

Mars, Jupiter und Saturn. Der Ziffer wurde beträchtliche Macht zugeschrieben, und sie kommt in mesopotamischen und biblischen Erwähnungen und Ritualen häufig vor. Ihre große Bedeutung erkennt man noch heute an Begriffen wie „die sieben Tage der Schöpfung" oder „die Sieben Weltwunder".

Physiologen vermuten einen Zusammenhang zwischen der Sieben und den Rhythmen der Natur – von der Drehung der Sonne, die fast genau sieben Tage dauert, bis zum Zu- und Abnehmen des Mondes in vier Vierteln mit jeweils sieben Tagen und dem weiblichen Zyklus, der etwa diesem Zeitraum von vier Wochen entspricht. Nach einem biblischen Gebot im 3. Buch Mose mußte eine Frau sieben Tage nach Ende ihrer Periode ein Reinigungsopfer darbringen. Ob absichtlich oder unbewußt: Die Priester konzentrierten sich gerade auf den Zeitpunkt im monatlichen Zyklus, an dem die Empfängnis besonders wahrscheinlich ist.

Die Mesopotamier brachten geflügelte Gottheiten mit den sieben Weisen (Apkallu) in Verbindung, von denen man glaubte, daß sie Unheil von Häusern fernhielten.

Manche Götter wurden keilschriftlich sogar mit Zahlzeichen geschrieben: Während die Zahl „15" gleichbedeutend mit Ischtar, der akkadischen Göttin der Liebe und des Krieges war, stand die „30" für ihren Vater, den Mondgott, und wurde als ideale Zahl der Tage eines Monats angesehen. Die Ziffer, welche die Dauer vieler biblischer Ereignisse wiedergab, war die „40": So währte die Sintflut 40 Tage, und die Stämme Israels verbrachten unter Mose 40 Jahre in der Wildnis. Die ursprüngliche Bedeutung der Zahl findet sich heute noch in dem Wort Quarantäne, das früher die Dauer von 40 Tagen bezeichnete.

Die „60" war dem sumerischen Gott Anu heilig. In Verbindung mit der „Zehn" – der Gesamtzahl der Finger und dem Ursprung des Dezimalsystems – bildete sie die Grundlage der Mathematik. Selbst in heutiger Zeit stellt die „60" einen wesentlichen Bestandteil des täglichen Lebens dar, denn sie ist ein wichtiger Faktor der modernen Zeitmessung. Auch die französische Sprache enthält eine Erinnerung an das alte Rechensystem: Das Wort für „70" lautet Soixante-dix, also 60 plus zehn.

ließ." Dem im 5. Jh. v. Chr. lebenden berühmten griechischen Geschichtsschreiber Herodot zufolge befand sich „die große, sitzende Gestalt Marduks ganz in Gold auf einem goldenen Thron auf einem goldenen Sockel mit einem goldenen Tisch daneben". Skrupellose Räuber machten aber auch nicht vor den in den Tempeln verwahrten Schätzen und Heiligtümern halt. So wurde König Salomos prächtiger, aus weißem Kalkstein errichteter und im Inneren mit Zedernholz verkleideter Tempel mehrfach geplündert, ehe er von den Babyloniern im Jahr 587 v. Chr. endgültig zerstört wurde.

ZEICHEN DER GÖTTER

Während die Priester große Anstrengungen unternahmen, um die Götter durch Opfer freundlich zu stimmen, versuchten Seher, die Zukunft anhand von Vorzeichen zu ergründen. In den verschiedenen

Epochen wurden hierzu unterschiedliche Methoden gewählt. Ihre höchste Blüte erreichte die Kunst der Wahrsagerei bei den Babyloniern, deren intensives Studium des Himmels bereits im 3. Jt. v. Chr. Grundlagen zur Entstehung der modernen Astronomie lieferte.

Da der Lauf der Gestirne als bedeutsam im Hinblick auf politische Ereignisse galt, suchten königliche Sterndeuter den Himmel ständig nach Zeichen ab, die sie dann anhand von Tafeln deuteten, welche man durch jahrhundertelange Beobachtungen erstellt hatte. „Wenn die Sonne über oder unter dem Mond steht, ist der Thron sicher", glaubten die

Ein israelitischer Stammesältester bringt auf einem Berggipfel ein Trankopfer dar.

DER NAME GOTTES

Das hebräische Alphabet besitzt keine Vokale, daher schreibt man Jahwe nur mit den Konsonanten „JHWH". Da die alten Israeliten fürchteten, Gottes Namen unbedacht zu benutzen, bezeichneten sie ihn nach der Zeit des babylonischen Exils mit *Adonai*, was soviel wie „(mein) Herr" bedeutet. Schließlich wurden im Mittelalter die Vokale von *Adonai* mit den Konsonanten „JHWH" zu der falschen Form Jehova verbunden.

Babylonier, aber „wenn der Mond und die Sonne am sechsten Tag des Monats gemeinsam zu sehen sind, wird ein Krieg ausbrechen". Darüber hinaus schenkte man natürlichen Erscheinungen wie Erdbeben oder schlimmen Unwettern besondere Beachtung, da sie ebenfalls als eindeutige Zeichen der Götter verstanden wurden.

Die wichtigste Art der Weissagung war jedoch die Eingeweideschau, besonders die Leberschau, die vor wichtigen Entscheidungen durchgeführt wurde. Dabei untersuchte man die Leber eines Opfertieres, in der Regel die eines Schafes. Der geschulte Seher besaß ein tönernes „Standardmodell" einer Leber, das er mit dem Organ des geopferten Tieres verglich. Abweichungen von der Norm deuteten die Anhänger dieser Wissenschaft als Zeichen, die zu den unterschiedlichsten Prophezeiungen führten. Andere Wahrsager erkundeten den Willen der Götter, indem sie Öltropfen in eine mit Wasser gefüllte Schale fallen ließen und deren Form betrachteten. Wenn bei den Israeliten Entscheidungen zu treffen waren, verwendeten sie heilige Würfel – man nannte es „Lose ziehen" –, und das Ergebnis wurde der göttlichen Fügung zugeschrieben. Bei den Kanaanitern gab es eine alte Tradition, die darin bestand, Weissagungen in einem tranceähnlichen Zustand durchzuführen. Einzelne Propheten oder Gruppen versetzten sich dabei durch Tanz und Musik in solch wilde Ekstasen, daß sie sich mitunter selbst verletzten.

VOM ALTAR ZUM TEMPEL

Am Anfang der israelitischen Geschichte führten die Stammesältesten religiöse Zeremonien an bestimmten Orten – sogenannten *Bamot* – durch, die im ganzen Land über die Bergeshöhen verstreut

OPFER FÜR DIE GÖTTER

Reinigungszeremonien, Opfer und große jahreszeitliche Feste spielten eine große Rolle in den Religionen des Vorderen Orient und wurden von bestimmten Ritualen begleitet. Selbst eine alltägliche Arbeit wie das Bespannen der großen Kesseltrommeln für die Tempel in Babylonien und Assyrien erforderte von den Priestern genau vorgeschriebene Handlungen.

In den mesopotamischen Tempeln behandelte man das Abbild eines großen Gottes wie einen lebenden König. Sein Gefolge bestand aus den Bildnissen von weniger bedeutenden Göttern sowie aus eifrigen Priesterhöflingen und zahllosen Tempelangestellten. Begleitet von Musik und Gesängen, servierten diese den Gottheiten mindestens zweimal am Tag verschiedene Speisen und Getränke. Nachdem die Götter ihr „Mahl" beendet hatten, wuschen ihnen die

Priester in einer rituellen Zeremonie die Hände.

Die Vorstellung, daß man sich durch die Darbringung von Opfern die Götter gewogen machte, war in allen nahöstlichen Kulturen tief verwurzelt. So opferten die frühen Israeliten Schafe und Ziegen sowie einen Teil ihrer Ernte, um die Fruchtbarkeit ihrer Herden und ihres Landes zu gewährleisten. Allmählich entwickelte sich dieser Brauch zu umfangreichen Opferzeremonien, die vor allem im Tempel von Jerusalem durchgeführt wurden. Der dortige Altar mußte sogar vergrößert werden, um die riesigen Mengen der geopferten Tiere aufnehmen zu können. Zu den Ritualen, die durchgeführt wurden, zählte auch, daß man das Blut der Tiere versprizte und Wein- und Getreideopfer darbrachte.

Während die Priester von armen Menschen nur ein kleines Opfer –

beispielsweise etwas Mehl oder ein paar Trauben – verlangten, erwarteten sie von wohlhabenden Personen, daß sie Vieh brachten, das dann von den Priestern als *Zevach* oder *Olah* – Friedens- oder Brandopfer – geschlachtet wurde.

Beim *Zevach* verbrannte man zuerst das Fett der Innereien. Danach wurde das Fleisch zubereitet und gegessen. Beim Brandopfer hingegen wurde der ganze Kadaver eingeäschert; nur das Fell behielt man als Priestergabe zurück. Um den Geruch des verbrennenden Fettes etwas zu überdecken, wurde teurer Weihrauch benutzt, dessen Schwaden das Tempelinnere füllten. Der Bibel zufolge verbrannte man zur Neuweihung eines Tempels unter dem judäischen König Hiskija um das Jahr 700 v. Chr. u. a. 1000 Schafböcke und 200 Lämmer; weitere 3600 Tiere wurden als Friedensopfer geschlachtet.

Bitte um göttlichen Beistand: Diese Darstellung zeigt, wie der assyrische König Assurbanipal zu Ehren der Götter ein Trankopfer über vier tote Löwen gießt.

Die Assyrer waren ein kriegerisches Volk, und so erstaunt es nicht, daß sie ihre oberste Gottheit Assur häufig mit einem gespannten Bogen oder anderen Waffen darstellten.

lagen. Diese Kultstätten, die bereits seit ewigen Zeiten als heilig galten, bestanden in der Regel aus einer steinernen Plattform, auf der Tiere sowie landwirtschaftliche Produkte wie Öl und Obst geopfert wurden. Im Lauf der Zeit ersetzte der Gottesdienst für Jahwe, der von Priestern in einem Zentralheiligtum durchgeführt wurde, diese ursprüngliche Form der Anbetung. Das einfache Volk war im allgemeinen von der Anbetung in den königlichen Tempeln ausgeschlossen und mußte sich mit dem begnügen, was es bei heiligen Prozessionen zu sehen bekam. Jede einzelne Person hatte aber ihren persönlichen Gott, der als eine Art Schutzengel betrachtet wurde. Für die Anbetung dieser Gottheiten gab es spezielle Schreine, die man entweder im Dorf oder in den Wohnhäusern aufgestellt hatte.

RIGOROSE KULTREFORMEN

Die früheste und berühmteste israelitische Kultstätte, die Archäologen bisher entdeckt haben, war ein kleiner Tempel und geht etwa auf das Jahr 1000 v. Chr. zurück – ungefähr die Zeit, in der König David regierte. Man hatte das Heiligtum innerhalb der israelitischen Festung von Arad errichtet, die hoch über der Wüste nordöstlich von Beerscheba, in der Nähe des Toten Meeres, thronte. Im Hof vor dem Tempel befand sich ein Opferaltar, den man Jahwe geweiht hatte. Im Inneren der

spärlich eingerichteten Kultstätte waren an den Wänden flache Bänke für die Opfergaben aufgestellt. Im Zuge von religiösen Reformen, die der judäische König Hiskija durchführen ließ, wurde der Tempel um das Jahr 715 v. Chr. geschlossen. Hiskijas Ziel bestand darin, die Verehrung Jahwes auf den Tempel von Jerusalem zu beschränken. Daher ließ er seine Anhänger teilweise gewaltsam gegen heilige Stätten vorgehen, die außerhalb Jerusalems lagen, und viele Altäre und Götzenbilder wurden entfernt. Auch im folgenden Jahrhundert wurden die Reformen weiterverfolgt. Nachdem verschiedene heidnische Kulte nach Hiskijas Tod wieder aufgelebt waren, führte König Joschija den Kurs, den Hiskija eingeschlagen hatte, unnachgiebig fort. Kultstätten, die man in der Provinz errichtet hatte – beispielsweise der bereits erwähnte Tempel von Arad – wurden zerstört. Der einzige Ort, an dem man Jahwe Opfer darbringen durfte, war der Tempel von Jerusalem. Den Menschen fiel es jedoch schwer, sich an die strengen Regeln zu halten. Inschriften aus dem 8. Jh. v. Chr., die von Reisenden auf einem kleinen israelitischen Heiligtum an einer Handelsroute, die durch den Sinai führte, hinterlassen wurden, zeigen, daß der Glaube des Volkes weiterhin vielfältig blieb. So finden sich neben Anrufungen Jahwes, Els und Baals auch Abbilder des ägyptischen Zwergengottes Bes.

Der akkadische Sonnengott Schamasch, von den Sumerern Utu genannt, betrachtet ein Modell der Sonnenscheibe, die sein Symbol darstellte.

„O EINZIGER GOTT, WIE DU IST KEIN ANDERER"

Im 14. Jh. v. Chr. unternahm der ägyptische Pharao Amenophis IV. alle Anstrengungen, um die Vielfalt der traditionellen ägyptischen Götter, ihre geheimnisvollen Riten und den Kult, der sich um die Mumifizierung der Verstorbenen gebildet hatte, abzuschaffen. Amenophis erhob die Gottheit *Aton*, die in der Gestalt der Sonnenscheibe dargestellt wurde, zum einzigen, allmächtigen Gott. Darüber hinaus benannte er sich in Echnaton um, was soviel wie „dem Aton wohlgefällig" bedeutet, und befahl, daß nur noch die Quelle des Lichts verehrt werden durfte.

Nach dem möglicherweise gewaltsamen Tod Echnatons im Jahr 1333 v. Chr. verdammte ihn die Priesterschaft als Ketzer, und sämtliche Gottheiten wurden wieder eingesetzt. Seine „Hymne an die Scheibe der Sonne" – worin der Gott gepriesen wird, der das Weltreich in seiner ganzen Vielfalt geordnet hat – hinterließ aber aufgrund ihrer Bildersprache einen tiefen Eindruck auf seine Nachwelt:

„Alle Tiere sind zufrieden mit
ihrer Weide;
Bäume und Pflanzen blühen
und gedeihen.
Die Vögel, die aus ihren Ne-
stern ausfliegen,
breiten ihre Flügel zum Lob-
preis deines ka aus.
Alle Tiere springen auf ihre
Beine,
alles, was fliegt und landet,
Sie leben, wenn du für sie auf-
gegangen bist.

Auch die Schiffe fahren nach
Norden und Süden,
denn jeder Weg ist offen, wenn
du erscheinst.
Die Fische im Wasser springen
vor deinem Angesicht umher.
Deine Strahlen brechen sich im
großen, grünen Meer…
Wie vielfältig ist alles, was du
gemacht hast!
Sie sind vor dem Angesicht des
Menschen verborgen.
O einziger Gott, wie du ist kein
anderer!
Du schufst die Welt nach dei-
nem Wunsch,
als du allein warst:
Alle Menschen, das Vieh und
die wilden Tiere,
was immer auf der Erde auf
seinen Füßen geht,
und was oben am Himmel
seine Flügel schwingt.
Die Länder Syrien und Nubien,
das Land Ägypten,
du hast jeden Menschen an sei-
nen Platz gestellt,
du gibst ihnen, was sie brau-
chen.
Jeder hat Speise, und seine Zeit
ist ihm vorbestimmt."

Diese Hymne erinnert an die folgenden Passagen aus dem biblischen Psalm 104, in dem Gott mit ähnlichen Worten gepriesen wird:

„Du läßt Quellen entspringen
und zu Bächen werden;
zwischen den Bergen suchen sie
ihren Weg.
Sie dienen dem Wild als
Tränke,

Wildesel löschen dort ihren
Durst.
An den Ufern bauen die Vögel
ihre Nester,
aus dichtem Laub ertönt ihr
Gesang.
Vom Himmel schickst du den
Regen herab auf die Berge;
so sorgst du dafür, daß die Erde
sich satt trinkt."
(Psalm 104, 10–13)

„Alle deine Geschöpfe warten
darauf,
daß du ihnen Nahrung
gibst zur rechten Zeit.
Sie nehmen, was du
ihnen ausstreust;
du öffnest deine
Hand, und sie alle
werden satt."
(Psalm 104, 27–28)

Anbetung des Sonnengottes: Der ägyptische Pharao Echnaton trägt eine Schale, worin man Aton, der Sonnenscheibe, Opfer darbrachte.

Lebenspendendes Wasser: Die biblischen Propheten erwähnen oft die üppige Vegetation an den Ufern des in das Tote Meer mündenden Jordan, des größten israelischen Flusses.

FREMDE GOTTHEITEN

Die Trennung des israelitischen Reiches in einen südlichen (Juda) und einen nördlichen Teil (Israel) im Jahr 926 v. Chr. schlug sich auch im religiösen Leben nieder. Beispielsweise besaß der Norden anstatt des geflügelten Engels Cherub ein goldenes Kalb als heiliges Schutztier. Selbst der Tempel von Jerusalem war nicht immer nur Jahwe geweiht, was von den Propheten der Bibel häufig beklagt wird. Bemerkenswert ist auch, daß König Salomo Heiligtümer für die Götter der Moabiter und Ammoniter errichten ließ, die enge Beziehungen mit den Israeliten unterhielten.

Die kanaanitische Gottheit Astarte genoß besonders die Gunst des einfachen israelitischen Volkes als Göttin der Mutterschaft und Fruchtbarkeit. Kleine, teilweise bemalte Terrakottastatuen Astartes wurden mehrere Jahrhunderte lang in großer Zahl hergestellt. Eine Kiste mit mehr als 350 dieser Figuren fand man in einer Höhle, etwa 90 m vom Tempelberg in Jerusalem entfernt. Der Bibel zufolge könnte diese Entdeckung darauf zurückzuführen sein, daß König Joschija 621 v. Chr. dem Hohepriester Hilkija den Befehl erteilte, alle Kultobjekte, die „für den Gott Baal, die Göttin Aschera und die Gestirngötter bestimmt waren" (2. Könige 23, 4) aus dem Tempel zu entfernen und zu zerstören. Solche religiösen Reinigungen hatten jedoch häufig keine anhaltende Wirkung, denn die Herrscher waren oft nicht in der Lage, fremde Einflüsse abzuwehren. So hatte sich der judäische König Ahas nach der Eroberung der israelitischen Hauptstadt Samaria durch die Assyrer bereits im 8. Jh. v. Chr. verpflichten müssen, zu Ehren des assyrischen Gottes Assur einen Altar errichten zu lassen. Die ersten zwei Jahrzehnte, die auf Joschijas Herrschaft folgten, sahen eine schillernde Mischung von verschiedenen Kulten. Die religiösen Praktiken reichten von der Anbetung des assyrisch-babylonischen Sonnengottes Schamasch bis hin zu einem Ritus, bei dem man die Saat zunächst sprießen und dann unter lautem Klagen verdorren ließ.

STRENGE VORSCHRIFTEN

Die Menschen, die im Gebiet des Nahen Ostens lebten, hatten bestimmte Vorstellungen von Recht und Ordnung. Dazu gehörte, daß sie die staatlichen Autoritäten anerkannten und ihren Eltern, den älteren Geschwistern sowie ihren Lehrmeistern absoluten Gehorsam entgegenbrachten. Dieses Ideal war in allen Hierarchiestufen anzutreffen, bis hinauf zum Herrscher und den Göttern. Zu den Verstößen gegen das Prinzip gehörten nicht nur offensichtliche Missetaten und Verletzungen der gesellschaftlichen Normen, sondern auch Mißachtungen unzähliger heiliger Gebote, wie z. B. der Genuß bestimmter „verbotener" Speisen oder das Betreten eines von einer Gottheit für tabu erklärten Gebietes.

Wer sich gegen das System auflehnte, wurde meist der Sünde gegen die Götter – die gleichzeitig die höchsten Richterämter bekleideten – für schuldig befunden. Die größte Gunst, die ein frommer und ehrlicher Mensch von den Gottheiten erhoffen konnte, war ein langes und erfülltes Leben, denn man glaubte nicht an die Auferstehung oder himmlischen Lohn. Man nahm an, daß die Toten – immer unter der Voraussetzung, daß sie ein würdiges Begräbnis erhalten hatten – in ein „Land ohne Wiederkehr" geschickt würden. Diesen Ort kannten die Mesopotamier unter der Bezeichnung *Kur*, die Israeliten nannten ihn *Scheol*. Während die meisten Menschen ihr Schicksal als von den Göttern gegeben akzeptierten, suchten andere nach dem tieferen Sinn des Lebens. So beschäftigt sich das 500 Zeilen lange babylonische „Gedicht vom gerechten Leidenden" ausführlich mit dem Problem des willkürlichen Schicksals. In dem Gedicht stellt ein Kranker sein vorbildliches Verhalten seinen großen Schmerzen gegenüber und kommt zu dem Ergebnis, daß der göttliche Ratschluß jenseits des menschlichen Verstandes liegt:

> „Was unserer Ansicht nach gut ist, ist schlecht
> in den Augen eines Gottes.
> Was uns schlecht erscheint, erfreut den Gott.
> Wer kann die Götter im Himmel verstehen?"

Das babylonische Gedicht nimmt das biblische Buch Ijob vorweg, in dem dieser von Gott auf die Probe gestellt wird: „Sein ganzes Leben muß der Mensch sich quälen, für große Mühe gibt's geringen Lohn. Er gleicht dem Sklaven, der nach Schatten lechzt, dem Knecht, der jeden Tag auf Löhnung wartet. Auch mir ist solch ein Los zuteil geworden: sinnlos vergeht ein Monat nach dem andern, und Nacht für Nacht verbringe ich mit Schmerzen" (Ijob 7, 1–3).

König Salomos Tempel

Der Tempel stellte den bedeutsamsten Teil der gesamten königlichen Palastanlage dar. Obwohl von der ursprünglichen heiligen Stätte leider nichts erhalten geblieben ist, machen die Aufzeichnungen der Bibel sowie zahlreiche archäologische Funde eine recht genaue Rekonstruktion von Salomos prächtigem Bauwerk möglich.

Der größte Glanz entfaltete sich im Inneren des Gebäudes. So waren die Wände mit edlem Zedernholz vertäfelt, das man zusätzlich mit Gold verkleidet und mit kunstvollen Schnitzereien von geflügelten Geschöpfen, Palmen, Blumen und Knospen verziert hatte. Im Zentrum des Tempels befand sich das Allerheiligste, das man durch Vorhänge vor neugierigen Blicken zu schützen suchte. Hier wurde der wertvollste Besitz der Israeliten, die Bundeslade, aufbewahrt.

Reinigende Flammen: Anhänger des persischen Propheten Zoroaster unterhielten auf diesem Altar eine „ewige" Flamme, die als heilig galt.

ANTIKE REFORMBEWEGUNGEN

Im 8. Jh. v. Chr. trat in Juda und Israel eine bis dahin unbekannte Gruppe von Reformern hervor. Es handelte sich dabei meist um Adlige mit Verbindungen zum Königshaus, welche die maßlose Gier der Menschen nach immer mehr materiellen Werten anprangerten. Vor allem die verbreitet anzutreffende Korruption und Landkäufe durch die Wohlhabenden wurden heftig kritisiert. Außerdem brandmarkten sie falsche Propheten von der Art der allseits populären Wundertäter sowie den Fruchtbarkeitskult des Blutopfers. Über einen Zeitraum von ungefähr 150 Jahren versuchten die Reformer, Könige wie Hiskija und Joschija zu beeinflussen, um diese zur Einführung von neuen Gesetzen zu bewegen.

Auch anderswo im Vorderen Orient und darüber hinaus fanden außerordentliche Veränderungen in der geistigen Haltung der Menschen statt – angeregt von Denkern, die sich von den traditionellen Natur- und Stammesgöttern entfernten und nach neuen, umfassenderen Erklärungen für das Dasein suchten. Beispielsweise entwickelte der griechische Philosoph Thales von Milet gegen Ende des 7. Jh. v. Chr. – etwa zu der Zeit, als der biblische Prophet Jeremia in Juda aufwuchs – die für damalige Verhältnisse revolutionäre Theorie, daß nicht die Götter für Erscheinungen wie Erdbeben und Blitze verantwortlich seien, sondern daß man statt dessen durch wissenschaftliche Forschungen nach natürlichen Erklärungen suchen müsse.

„ALSO SPRACH ZARATHUSTRA"

Als die Truppen des Perserkönigs Kyros II. im Jahr 539 v. Chr. in Babylon einfielen und das Reich fast kampflos einnahmen, brachten sie neue religiöse und moralische Vorstellungen in das Land. Die persischen Monarchen folgten nämlich den Lehren eines Propheten namens Zoroaster (Zarathustra), der gut 10 Jahre vor der Eroberung Babylons gestorben war. Dieser hatte gegen Zauberei, Götzendienst und Tieropfer gepredigt und die traditionellen Götter als böse Dämonen verurteilt. An ihre Stelle setzte er den Hochgott Ahura Masda, den allmächtigen Schöpfer des Himmels und der Erde, der die Wahrheit und das Licht liebte.

Zoroaster lieferte den Menschen eine neue Theorie für die Existenz des Bösen. Er stellte das Universum als ein Schlachtfeld zwischen Wahrheit und Licht auf der einen und den Mächten der Dunkelheit und Arglist auf der anderen Seite dar. Letztere wurden von Ahura Masdas erbittertem Widersacher Ahriman angeführt, dem bösen Geist und dämonischen Verfechter der schlechten Prinzipien. Zoroasters Lehre vertrat die Ansicht, daß jedes Individuum in diesem gewaltigen Kampf zwischen den geistigen Mächten beider Seiten verwickelt war. Die Menschen besaßen jedoch ihren freien Willen und konnten demzufolge zwischen Gut und Böse wählen. Am Ende aller Zeit, wenn die guten Kräfte über die Mächte der Dunkelheit dominieren würden, sollte dann das Verhalten jedes einzelnen sein persönliches Schicksal bestimmen. An diesem Tag der Abrechnung sollte den Tugendhaften himmlische Rettung widerfahren, während der Rest in das ewige Feuer geschickt würde.

WISSENSCHAFT UND MEDIZIN

Bereits in biblischer Zeit kannte man wirksame Heilmittel, die meist aus Pflanzen gewonnen wurden

und den Patienten Linderung brachten. Daneben vertrauten viele Menschen auf das Können

von Wunderheilern, welche die Krankheiten mit Hilfe von Zaubersprüchen behandelten.

Das Wissen, das die modernen Ärzte über die Krankheiten der Menschen im alten Orient besitzen, verdanken sie u.a. dem genauen Studium ägyptischer Mumien. Untersuchungen haben ergeben, daß bereits die alten Ägypter von Leiden heimgesucht wurden, die uns auch heute noch plagen. So lassen sich anhand der mumifizierten Leichen Erkrankungen wie Tuberkulose, Kinderlähmung und Pocken nachweisen. Darüber hinaus litten zahlreiche Menschen an Geschwüren, Krampfadern, Gallensteinen sowie Arterienverkalkung. Von wenigen Ausnahmen abgesehen, läßt sich bei jeder der untersuchten Mumien außerdem ein Wurmbefall feststellen, darunter die Bilharziose. Diese gefährliche Krankheit, die durch Infektion mit im Wasser lebenden Saugwürmern hervorgerufen wird, ist auch heute noch in tropischen Ländern verbreitet anzutreffen.

Frauen pressen Blumen, um einen Saft zu gewinnen, den man u. a. zur Herstellung von medizinischen Ölen benötigte. In der Heilkunde wurden diese Substanzen vor allem zur Wundreinigung verwendet.

Die Worte, die in diese Schale eingeritzt sind, sollten die Menschen vor bösen Geistern schützen.

Viele Krankheiten standen in engem Zusammenhang mit Umwelteinflüssen und der Lebensweise der Menschen. Dazu gehörten beispielsweise Augenkrankheiten, die durch den allgegenwärtigen feinen Staub und unhygienische Verhältnisse gefördert wurden. Auch chronische Lungenleiden und Asthma, hervorgerufen durch das Einatmen von Sandpartikeln und den beißenden Rauch der Feuer und Öllampen in schlecht belüfteten Räumen, waren sehr häufig. Darüber hinaus trugen Mücken, verunreinigtes Wasser und Schmutz zur Verbreitung von zahlreichen Epidemien bei, welche die Bevölkerung an eine kollektive Bestrafung durch die Gottheiten glauben ließen.

ANTIKE „FACHÄRZTE"

Die Völker des Vorderen Orient führten die meisten Krankheiten auf das Vorhandensein von bösen Mächten zurück. So galt Lamaschtu in Babylonien und Assyrien als Dämonin des Kindbettfiebers. Um ihren Einfluß zu begrenzen, bediente man sich der Hilfe guter Geister, die durch teilweise kompli-

zierte Beschwörungszeremonien zur Hilfe herbeigerufen werden konnten. Man ignorierte jedoch auch praktische Methoden nicht, und bereits in vorbiblischer Zeit wurden die Patienten mit Präparaten aus Pflanzen- und Mineralienextrakten eingerieben, oder man gab ihnen Mittel zum Einnehmen. Häufig ließen sich damit beachtliche Erfolge erzielen.

Oft sollten Zaubersprüche, mit denen man böse Geister vertreiben wollte, die Wirkung der Arzneien noch verstärken. „Komm, Arznei, komm, die du das Böse aus meinem Bauch und meinen Gliedern austreibst!" begann eine alte Beschwörungsformel, die aufgesagt wurde, während der Patient seine Medizin einnahm. In dieser konnten beispielsweise Mist, Urin, Fliegendreck oder andere Zutaten enthalten sein, welche die bösen Dämonen förmlich aus ihrem Opfer hinausekeln sollten. Religiöse Skrupel bei der Untersuchung von Toten verzögerten zunächst neue Erkenntnisse hinsichtlich der Anatomie des Menschen, obwohl die Ägypter durch die Mumifizierung von Leichen einige Fortschritte erzielten. Bis zum 2. Jt. v. Chr. hatte man jedoch die große Bedeutung des menschlichen Herzens erkannt, wenngleich man sich über seine genaue Funktion nicht ganz im klaren war. In Ägypten und Mesopotamien kannte man Mediziner, die sich auf die Behandlung bestimmter Leiden konzentrierten. So gab es bereits im 3. Jt. v. Chr. Spezialisten für Erkrankungen der Augen und des Darmes. Ägyptische Ärzte fühlten auch den Puls ihrer Patienten, den sie als eine Art „Stimme" zu deuten versuchten.

Dem Handbuch eines Chirurgen, das ungefähr 1700 v. Chr. verfaßt wurde, verdanken wir unser

GÖTTLICHE STRAFEN

In Ausdrücken wie „Herzschlag", „Gehirnschlag" oder „Schlaganfall" spiegelt sich noch in heutiger Zeit der uralte Glaube an einen Gott wider, der jeden, der seinen Zorn erregt hatte, mit Krankheit schlagen konnte. Auch der Begriff „mondsüchtig" verdeutlicht anschaulich den antiken Glauben der Menschen an die göttlichen Mächte des Mondes.

VON SÜNDENBÖCKEN UND DÄMONEN

Eine löwenköpfige Dämonin hält in jeder Hand eine Schlange, während sie einen Hund und ein Schwein an ihren Brüsten säugt.

Die Völker des Vorderen Orient glaubten, daß Dämonen und Geister, die als eine der Hauptursachen für Krankheiten angesehen wurden, sowohl von tugendhaften als auch von bösen Menschen Besitz nahmen. Da die Dämonen jedoch als ebenso dumm wie boshaft galten, konnte man sie manchmal durch einen einfachen Trick dazu bringen, ihr Opfer zu verlassen. Beispielsweise ließ man den Patienten das Bett mit einer jungen Ziege teilen. Man hoffte, den bösen Geist dadurch so zu verwirren, daß er den Kranken verließ und in die Ziege hineinfuhr, der man dann sofort die Kehle durchschnitt.

Ähnliche Rituale kannte man auch im Rahmen der mesopotamischen Neujahrsfestlichkeiten: Ein Schaf wurde symbolisch mit den Sünden der Menschen beladen und anschließend in einer feierlichen Zeremonie ins Wasser geworfen. Der Sündenbock, den die Israeliten in die Wüste jagten, ging auf dieselbe Tradition zurück.

In Assyrien wurden alle Leiden mit einem Exorzismusverfahren bekämpft – von Arthritis über Schwindelgefühle bis hin zu geistigen Störungen. Es erforderte die Mitarbeit des Sonnengottes Schamasch, dessen Beistand mit Hilfe eines Zauberspruches erbeten wurde. Man sagte ihn zusammen mit folgenden Anweisungen auf: „Nimm Schmutz von zerstörten Häusern, einem verfallenen Tempel, einem Grab … mische ihn mit Stierblut und forme daraus die Figur von etwas Bösem. Kleide sie in Löwenhaut, hänge ihr eine Halskette aus Karneol um, und gib ihr eine Ledertasche mit Vorräten in die Hand. Stelle sie auf das Hausdach des Kranken. Vergieße ein Trankopfer. Errichte einen Dreifuß aus Zedernholz über der Figur, und umgib sie mit einem Kreis aus Mehl. Stülpe bei Sonnenuntergang einen Topf, worin noch nie etwas gekocht worden ist, über den Dreifuß. Verbrenne Weihrauch aus Wacholderharz, und häufe jede Nacht Opfer von feinstem Mehl vor die Sterne. Wiederhole die vorgeschriebene Beschwörung immer wieder. Nach drei Tagen und Nächten versiegele die Topföffnung, und vergrabe den Topf in einer verlassenen Wildnis."

Die Vorstellung, ein böses Wesen im Inneren eines Behältnisses zu fangen, findet sich auch in der Bibel. Im Buch Sacharja wird davon berichtet, daß eine Gestalt, welche die Bosheit verkörpert, in ein bleiernes Gefäß eingeschlossen wird.

Das Verbrennen von Weihrauch gehörte zu den Ritualen, die man zur Vertreibung von Dämonen durchführte. Dieser Weihrauchständer stammt aus Megiddo in Kanaan.

Auf diesem assyrischen Siegel erkennt man einen liegenden Patienten, der von Priesterheilern umgeben ist.

Wissen um die Behandlung einiger Verletzungen, die sich die Erbauer der Pyramiden zuzogen: Gebrochene Schlüsselbeine und Gliedmaßen wurden so gut es ging gerichtet und mit leinenumwickelten Schienen ruhiggestellt. Verbrennungen behandelte man mit fetthaltigen Substanzen, und als Verbandsmaterial wurde Zupflinnen verwendet.

In der Bibel finden sich wenige Hinweise auf die medizinische Versorgung von Wunden. Sie zieht die direkte Anrufung Gottes um Hilfe vor und kritisiert beispielsweise König Asa von Juda, der einen Arzt zur Behandlung seiner Gicht kommen ließ, anstatt sich auf die heilenden Kräfte Jahwes zu verlassen.

MEDIZINER UND WUNDERHEILER

In Mesopotamien entwickelten sich zwei gegensätzliche Heilverfahren: Während der *Asu*, ein Arzt und Pharmazeut, eher konventionelle Methoden bevorzugte, wandte sich der *Ashipu*, ein priesterlicher Teufelsaustreiber, angeblich zauberkräftigen Behandlungsformen zu. Wenngleich der Glaube an die Macht der Schwarzen Kunst sehr verbreitet war, erzielte der *Asu* immerhin so große Erfolge, daß sich bei den Babyloniern ein Sprichwort hielt: „Eine Krankheit und kein Arzt ist so schlimm wie Hunger und keine Speise."

Der *Asu* bediente sich verschiedener Substanzen, die er mischte, zerstieß oder kochte und zu Arzneimitteln, Salben und Dampfaufgüssen verarbeitete. Beispielsweise nutzte er zur Herstellung seiner Medikamente die Wirkstoffe der Tollkirsche, die ein starkes Gift enthält. Zur Linderung von starken Schmerzen setzte er Betäubungsmittel wie Opium, Haschisch und Alkohol ein. Auch bei kriegerischen Auseinandersetzungen kam der *Asu* zum Einsatz, denn er war in der Lage, von Pfeilen und anderen Waffen verursachte Wunden zu versorgen.

Im Gegensatz zur praktischen Vorgehensweise des *Asu* schrieb der *Ashipu* sämtliche Krankheiten einem Gott, Dämon oder Geist zu und behandelte seine Patienten mit Zaubermitteln. So verabreichte er zur Behandlung von Kahlköpfigkeit einen Trank, der u.a. aus Igelstacheln bestand, während er Blindheit mit dem Auge eines Schweines zu heilen versuchte. Der *Ashipu* hielt auch stets Ausschau nach Zeichen und Omen. Sah er zufällig ein schwarzes Schwein, konnte dies als schlechtes Omen gedeutet werden; ein weißes Borstentier hingegen galt meist als gutes Vorzeichen.

GESUNDHEIT UND HYGIENE

Auch bei den Israeliten gab es verschiedene Auffassungen davon, wie sich ein Leiden am besten kurieren ließ. Viele Kranke brachten Opfer

Bei der Geburt standen den Frauen Hebammen zur Verfügung, denen man oft sowohl magische als auch praktische Fähigkeiten zuschrieb.

Häufig mußten Chirurgen Verletzungen behandeln, die sich Arbeiter bei ihren beschwerlichen und oftmals gefährlichen Tätigkeiten zuzogen (hier sieht man Sklaven in einem assyrischen Steinbruch).

dar, oder sie versuchten, einen heiligen Mann in der Tradition des Propheten Elischa ausfindig zu machen, dem verschiedene Wunderheilungen zugeschrieben wurden. Andere bevorzugten praktische Behandlungsmethoden, die in der Anwendung von Kräuterelixieren bestanden. Essig galt als Allheilmittel – man trank ihn, um Müdigkeit zu bekämpfen, und trug ihn auf Wunden und Prellungen auf. In der Not griffen die Menschen auch auf Maulbeerfeigen, Fackelholz (Holz vom Weihrauchbaum) und Senfkörner zurück, denen heilende Wirkungen zu-

geschrieben wurden. Verbrennungen suchte man mit Hilfe von Aloe zu heilen, und bei Hautkrankheiten wurden die betroffenen Stellen mit zu Pulver zermahlenen Blättern des Ysopstrauchs behandelt. Wohltuende Salben stellte man u. a. aus Olivenöl und dem Fett von Schafen her; zur Schmerzlinderung verabreichten die Ärzte ein Mittel, das aus Opium-Mohn gewonnen und mit Wein, Essig und Myrrhe gemischt wurde. Die Beobachtung, daß „eine tote Fliege ... duftendes Öl zum Stinken" (Prediger 10, 1) bringt, läßt bereits bei den Israeliten

147

BIBLISCHE MUND-ZU-MUND-BEATMUNG

In der Bibel finden sich viele Erwähnungen von Krankheiten, mit denen die Menschen des Vorderen Orient zu kämpfen hatten. Während einige Leiden recht einfach zu identifizieren sind, müssen sich die Wissenschaftler in anderen Fällen mit Vermutungen begnügen.

So brach der assyrische Herrscher Sanherib dem 2. Buch der Könige zufolge eine Belagerung Jerusalems ab, weil seine Armee wahrscheinlich von einer Epidemie heimgesucht wurde. Da der Bericht an keiner Stelle Erkrankungen der Verteidiger erwähnt, schließen Forscher die Möglichkeit einer ansteckenden Seuche aus. Sie vertreten die Meinung, daß sich Sanheribs Soldaten möglicherweise auf ihrem Marsch mit Malaria infiziert hatten und daß die kühlen Nächte, die sie in den judäischen Bergen im Freien verbringen mußten, zu tödlichen Anfällen führten.

Eine weitere Geschichte der Bibel erzählt von Isaaks Sohn Esau, der sein Erstgeburtsrecht gegen eine Schale Linsensuppe tauschte,

Diese aus Ninive stammende Tafel (5. Jh. v. Chr.) enthält Ratschläge zur Hustenbehandlung.

worauf er allgemein als Vielfraß dargestellt wurde. Inzwischen haben Wissenschaftler eine mögliche Erklärung vorgelegt: Im 1. Buch Mose wird berichtet, daß Esau sich erschöpft fühlte, als er auf den Handel mit seinem Bruder einging. Außerdem findet sich der Hinweis, daß Esau auffällig stämmig und be-

haart war. Dies sind Anzeichen von niedrigem Blutzucker als Komplikation eines angeborenen Leidens, bei dem der Körper zu viele Hormone produziert. Dadurch kommt es in der Kindheit zu einer raschen Entwicklung von Haarwuchs und Muskeln; außerdem neigt der Betroffene bei Überanstrengung zu plötzlichen Zusammenbrüchen und Bewußtlosigkeit. Der Eintopf und das Gerstenbrot, das er dazu aß, könnten Esaus Befinden verbessert haben, da die Mahlzeit seinen Blutzuckerspiegel wieder anhob.

In einer anderen Erzählung der Bibel wird berichtet, wie der Prophet Elischa ein totes Kind zum Leben erweckte. Einige Forscher deuten dies als Hinweis darauf, daß man bereits im 9. Jh. v. Chr. die Mund-zu-Mund-Beatmung kannte: „Dann legte er sich auf den Jungen, so daß sein Mund dessen Mund berührte … Nachdem er eine Zeitlang so gelegen hatte, wurde der Körper des Jungen wieder warm … Da nieste das Kind … und schlug die Augen auf" (2. Könige 4, 34–35).

eine gewisse Kenntnis der Gefahren vermuten, die durch unhygienische Verhältnisse hervorgerufen werden konnten.

Die israelitischen Priester hatten eine Doppelfunktion inne, denn zusätzlich zu ihren zahlreichen religiösen Pflichten waren sie auch eine Art Gesundheitspolizei. Sie achteten auf die Einhaltung von Gesetzen, mit deren Hilfe man allgemeine Gesundheits- sowie persönliche Hygieneregeln durchzusetzen versuchte. Die Bestimmungen verlangten häufiges Händewaschen, und der Ritus der Beschneidung diente dazu, Entzündungen und Krankheiten zu verhindern. Darüber hinaus erließ man Vor-

schriften, die helfen sollten, die Ansteckungsgefahr bei Krankheiten zu verhindern. Zu den Maßnahmen gehörte, daß Patienten völlig isoliert wurden, damit sie nicht mit anderen in Berührung kamen.

Wie aus der Bibel deutlich hervorgeht, war Lepra eine besonders gefürchtete Krankheit. Personen, die einen Hautausschlag oder andere verdächtige Zeichen an ihrem Körper feststellten, mußten sich alle sieben Tage den Priestern zeigen, die den Krankheitsverlauf genau beobachteten. Wenn sich das Leiden nicht besserte, verbrannte man zunächst die Kleider der Patienten. Die Leprakranken wurden entehrt und erbarmungslos aus der menschlichen Gesellschaft ausgestoßen. Schließlich wurden die verlassenen Häuser mit reinigenden Mitteln gründlich geputzt. Nicht einmal bei Herrschern machte man eine Ausnahme: Als der judäische König Amazja um das Jahr 750 v. Chr. an einem Hautleiden erkrankte, mußte er seinen Sohn zum Regenten ernennen und den Rest seines Lebens in der Isolation verbringen.

SCHWANGERSCHAFTSTESTS

Bereits in biblischer Zeit beschäftigten sich die Menschen mit den Gefahren, die Schwangerschaft und Niederkunft mit sich brachten. Die Babylonier beispielsweise entwickelten einen Schwangerschaftstest, bei dem der Frau ein mit Pflanzensäften imprägnierter Tampon eingeführt wurde. Dieser wechselte abhängig vom Säuregehalt, den die Sekrete der Patientin aufwiesen, die Farbe und gab so Aufschluß darüber, ob die Frau schwanger war oder nicht. Dies bedeutete eine große Verbesserung gegenüber traditionellen Vorgehensweisen wie dem Riechen am Urin der Schwangeren und ähnlichen Bräuchen, zu denen auch das Einführen von Knoblauch in die Vagina zählte: Wenn der Atem der Patientin am nächsten Tag nach Knoblauch roch, ging man davon aus, daß sie keine inneren Stockungen hatte.

Erfolgreiche Ärzte genossen ein hohes Ansehen. Vor allem ägyptische, später auch griechische Mediziner waren bei den Wohl-

habenden sehr gefragt – diese konnten es sich leisten, die besten Heilkundigen kommen zu lassen. Die Elite besaß auch bereits Kenntnis von den Grenzen der medizinischen Möglichkeiten. Beispielsweise bat im 13. Jh. v. Chr. ein hethitischer König den ägyptischen Pharao Ramses II., ihm einen Arzt mit Medikamenten zu schicken, um seiner Schwester dabei zu helfen, schwanger zu werden. Der Pharao antwortete: „Schau, mein Bruder, ich kenne deine Schwester, und sie ist 50, wenn nicht gar 60 Jahre alt. Was du wünschst, ist unmöglich. Aber lege die Sache in die Hände des Sonnengottes und des Wettergottes (die höchsten hethitischen Götter), und was auch immer sie bestimmen, wird sicherlich richtig sein." Trotzdem entsandte der Pharao einen Arzt sowie „einen fähigen Zauberer", um dem Hethiter seinen guten Willen zu zeigen.

Das Haus eines Leprakranken wird gründlich mit einer Desinfektionslösung gereinigt, der man Ysopblätter beigefügt hat.

2500 – 1361 v. Chr.

Die ägyptischen Pyramiden gehören auch heute noch zu den größten und beeindruckendsten Bauwerken der Erde.

Um 2500 Das Gebiet des heutigen Israel besteht aus zahlreichen kleinen, unabhängigen Königreichen. Die Gesamtbevölkerung beträgt ungefähr 150 000.

Um 2300 Der assyrische König Sargon von Akkad beendet die Vorherrschaft der Sumerer und begründet das erste von Semiten regierte Großreich in Mesopotamien.

Um 2100 An mehreren Orten in der mesopotamischen Ebene werden Zikkurats (Stufentempel) errichtet.

Um 2000 Die minoische Kultur auf Kreta erreicht ihren glanzvollen

Asiatische Bauern pflanzen Reissämlinge in gut bewässerten Feldern.

Höhepunkt. Die erhabenen, farbenfrohen Paläste sind mit prächtigen Fresken verziert und besitzen Badezimmer mit fließendem Wasser.

1876 Nach Ansicht einiger Forscher versetzte am 16. Oktober dieses Jahres eine Sonnenfinsternis die Bevölkerung im Norden Chinas in Angst und Schrecken. Das genaue Datum des Naturschauspiels ist jedoch wissenschaftlich umstritten.

Um 1850 Das von den Hethitern aus den asiatischen Steppen eingeführte Speichenrad beschleunigt die Entwicklung des Streitwagens.

Um 1750 In China löst die Shangdynastie die Xia-Herrscher ab. Die Shangkönige, die von ihren Untertanen als Halbgötter betrachtet werden, gründen einen Staat in der Ebene des Gelben Flusses.

Auf etwa diese Zeit datiert die moderne Wissenschaft die Lebenswelt der biblischen Patriarchen. Allerdings herrscht zwischen den Bibelforschern und anderen Wissenschaftlern Uneinigkeit über die historischen Fakten.

Um 1700 Hammurabi von Babylon vereinigt Mesopotamien wieder. Sein Vermächtnis ist ein Gesetzeskodex, der eine Mischung aus sumerischer Rechtsprechung und überlieferten Bräuchen der Wüste darstellt.

Um 1730–1570 Die Hyksos („Herrscher der Fremdländer"), aus Asien stammende Pharaonen, regieren Unterägypten. Ihre Überlegenheit beruht auf Kampfwagen, die von Pferden gezogen werden.

1515–1494 Der ägyptische Pharao Amenophis I. dringt bis Kanaan vor.

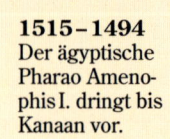

Wandernde Schmiede.

Um 1500 Im kleinasiatischen Reich der Hethiter besitzen die Priester besondere Macht. Große Bedeutung für alle wichtigen Entscheidungen hat vor allem die von ihnen durchgeführte Eingeweideschau, bei der die Organe – besonders die Leber – von Opfertieren auf Zeichen der Götter hin untersucht werden.

Von Neuguinea aus erreichen wagemutige Seefahrer mit Kanus die Pazifikinseln Samoa und Tonga. Damit wird die erste Phase der Besiedlung des Stillen Ozeans abgeschlossen.

Im alten China verwenden Handwerker Keramikformen, mit deren

Diese Terrakotta-Figuren aus dem Industal zeigen einen antiken Streitwagen.

Ein gefürchteter hethitischer Streitwagen mit Speichenrädern.

Hilfe sie große Mengen von Bronzegefäßen herstellen.

In Indien beginnt die Zusammenstellung der *Weden* (Bücher des Wissens). Gleichzeitig entsteht das Kastenwesen durch die nach Indien einwandernden arischen Eroberer, die bestrebt sind, gegenüber der unterworfenen Bevölkerung ihre Reinheit zu bewahren.

Um 1450 Ein gewaltiger Vulkanausbruch zerstört die griechische Kykladeninsel Thera (Santorin).

1441 Pharao Amenophis II. listet 3600 *Chapiru*, Angehörige von nicht-

Die berühmte Zikkurat von Ur, die dem sumerischen Mondgott Nanna geweiht war, ist auch heute noch gut erhalten.

seßhaften Bevölkerungsgruppen, unter seinen Kriegsgefangenen auf. Spätere ägyptische Texte erwähnen, daß die *Chapiru* als Diener und Steineschlepper eingesetzt wurden.

Junge Frauen überreichen verschiedene Geschenke (Detail aus einem Fresko im Palast von Knossos auf Kreta).

Um 1400 Der Anbau der widerstandsfähigen Sojabohne, die ursprünglich in der Mandschurei heimisch war, verbreitet sich über ganz China.

Die Hethiter erobern das Reich der iranischen Mitanni in Mesopotamien und übernehmen von den Besiegten die gefürchteten Streitwagen.

Ein Tempelrelief zeigt Echnaton und seine Gattin Nofretete bei der Anbetung des Sonnengottes Aton.

Um 1360 Angreifer aus den Reihen der *Chapiru* verwüsten eine Reihe von kanaanitischen Fürstentümern, darunter auch Jerusalem.

1356 Der ägyptische Pharao Echnaton (Amenophis IV.), der Gemahl der Nofretete, erregt den Zorn der Priester, indem er den Sonnengott Aton zum alleinigen Gott erhebt.

1285 Die Armee des ägyptischen Königs Ramses II. und die Truppen der Hethiter bekämpfen sich in einer Schlacht bei Kadesch in Syrien, ohne daß eine Entscheidung herbeigeführt werden kann.

Amenophis II. regierte das Land der Pharaonen auf dem Höhepunkt seiner militärischen Macht im 15. Jh. v. Chr.

Um 1250 Mykenische Griechen greifen Troja an. Die Attacke fällt in die Anfangsphase eines Krieges, der im östlichen Mittelmeerraum ausbricht und in dessen Verlauf das hethitische Reich sowie viele kleinere Staaten zerstört werden.

1224 Pharao Ramses II. stirbt. Moderne Bibelforscher gehen davon aus, daß der Exodus des israelitischen Volkes unter Mose während seiner Regierungszeit stattfand.

1220 Der ägyptische König Merenptah, Sohn Ramses' II., fordert die Zerstörung Israels. Die Erwähnung, die sich auf der Siegesstele

Überlegener Eroberer: Auf dieser Kalksteinsäule sieht man Pharao Ramses II. mit Gefangenen.

des Pharao befindet, ist die erste und einzige Bezugnahme auf die Israeliten, die sich in ägyptischen Aufzeichnungen findet.

Um 1200 An der mexikanischen Golfküste entwickelt sich die Zivilisation der Olmeken, die Mutterkultur Mittelamerikas. Mit Hilfe von äußerst primitiven Mitteln gestalten und transportieren sie bis zu 20 t schwere Skulpturen. Im Lauf der nächsten 600 Jahre schaffen die geschickten Handwerker außerdem komplizierte Wasserleitungssysteme. Die Gottheiten und Tempel der Olmeken beeinflussen auch die späteren Kulturen der Maya und Azteken.

Einheimische Bauern beginnen damit, die steilen Hänge der Anden terrassenförmig anzulegen. Mit dieser Maßnahme versuchen sie, der durch häufige Regenfälle verursachten starken Bodenerosion entgegenzuwirken und die Ernteerträge zu steigern.

Ägyptischer Schmuck wie dieser Ohrring war äußerst begehrt und wurde überall im Nahen Osten gehandelt.

Um 1180 Die Seevölker, eine lockere, angriffslustige Allianz von Völkern der Ägäis und des Mittelmeerraumes, überfallen die Hethiter, werden jedoch von den überlegenen ägyptischen Land- und Seestreitkräften unter König Ramses III. zurückgeschlagen. Nach diesem Mißerfolg zerstreuen sich die besiegten Angreifer und lassen sich an verschiedenen Orten nieder. Die Peleset (Philister)

beispielsweise werden als ägyptische Militärkolonisten in der Küstenebene Palästinas angesiedelt.

Um 1100 Die Assyrer setzen schwere Infanterie ein, um den überlegenen Streitwagen der Hurriter und Hethiter wirksam begegnen zu können. Die Bemühungen haben Erfolg: Dem assyrischen König Tiglatpileser I. gelingt es, mit seinen Truppen bis zum Mittelmeer vorzudringen. Außerdem kämpft er auf mehreren Feldzügen gegen die Aramäer und erobert Babylon.

Unter Führung von örtlichen Kommandeuren bemühen sich die Israeliten verzweifelt darum, Angriffe der Philister abzuwehren, die nach dem Rückgang der ägyptischen Macht gegen die im hügeligen Hinterland Palästinas siedelnden israelitischen Stämme vorgehen.

Geschenke für den mächtigen König: Gesandte der von den Ägyptern unterworfenen Völker des Vorderen Orient leisten Pharao Thutmosis IV. demütig Tribut (oben).

Die am besten erhaltene Megalithanlage aus dem 3./2. Jt. v. Chr. befindet sich in Stonehenge.

Das Tempelrelief zeigt, wie siegreiche Ägypter gefangengenommene Philister abführen.

Um 1050 An der oberen Donau entsteht die keltische Kultur.

Um 1020 Saul wird erster König Israels. Er führt die Israeliten im Kampf gegen die Philister und an-

dere Nachbarvölker. Etwa 20 Jahre später begeht er Selbstmord, nachdem seine Streitkräfte von den Philistern besiegt worden sind.

Um 1000 David aus dem Stamm Juda erobert die Kanaanäerstadt Jerusalem. Durch eine Reihe von Siegen gegen benachbarte Völker gelingt es ihm, ein blühendes Königreich aufzu-

Der Geist des Jaguar: Diese kleine Jadefigur der Olmeken stellt einen Tiergeist dar.

bauen. Bis zum Jahr 975 hat er die Philister, die Hauptfeinde Israels, endgültig besiegt.

975 Die Phönizier beginnen damit, Reisen in bis dahin vom Handel weitgehend unberührte Gebiete zu unternehmen. Dies wird vor allem durch Verbesserungen im Schiffbau möglich.

961 Salomo folgt seinem Vater David auf den israelitischen Thron und beginnt ein Bauprogramm, zu dem auch die Vergrößerung der Hauptstadt Jerusalem zählt.

Um 950 Ständige Bürgerkriege geben die Anregung für die Schaffung des *Mahabharata*, des indischen Nationalepos. Mit über 100 000 Doppelversen ist es das längste bekannte Gedicht.

Im Vorderen Orient kommen Eisenwerkzeuge in Gebrauch, was besonders die Entwicklung in der Landwirtschaft und beim Bau beschleunigt.

926 Nach König Salomos Tod zerfällt das israelitische Reich in das Südreich Juda mit der Hauptstadt Jerusalem und das Nordreich Israel mit Sichem als Hauptstadt.

Auf dieser Darstellung aus einer mittelalterlichen Bibel erkennt man, wie David die heilige Bundeslade nach Jerusalem bringt.

924 König Scheschonk I. von Ägypten unternimmt einen Feldzug gegen Israel und Juda. Seine Truppen erobern Jerusalem und plündern Tempel und Königspalast.

Um 870 Der Bau von Samaria, der neuen Hauptstadt des Reiches Israel, wird abgeschlossen. Der Königspalast der Stadt erlangt wegen seiner kunstvoll gearbeiteten Beschläge aus Elfenbein große Berühmtheit.

853 Bei der Schlacht von Qarqar in Syrien gelingt es einer aus Soldaten von zwölf Nationen bestehenden Streitmacht, darunter etwa 14 000 Israeliten, einen Vorstoß der Assyrer abzuwehren.

842 König Jehu von Israel beugt sich Assyriens Herrscher Salmanassar III. und zahlt ihm Tribut.

Nach einem Jahr blutiger Staatsstreiche, bei denen die Könige Israels und Judas mit ihren Familien hingemetzelt wurden, übernimmt Atalja, die

Tochter oder Schwester König Achabs, die Regierung Judas. Sie wird sechs Jahre später hingerichtet.

814 Die Phönizier gründen Karthago am Golf von Tunis an der nordafrikanischen Küste. Durch seine günstige Lage entwickelt sich Karthago zu einer der bedeutendsten Handelsmächte.

Auf einem kunstvollen Weihrauchbrenner ist ein phönizischer Kupferhändler abgebildet.

800 – 700 Die *Odyssee* und die *Ilias*, auf den Ereignissen des Trojanischen Krieges beruhende Epen, entstehen. Als Verfasser beider Werke ist der blinde griechische Dichter Homer überliefert, was von der modernen Wissenschaft jedoch angezweifelt wird.

776 Die ersten Olympischen Spiele finden in Olympia statt. Während der Spiele, die alle vier Jahre zu Ehren des Gottes Zeus abgehalten werden, ruhen sämtliche bewaffnete Konflikte in Griechenland.

König Salomos Tempel regte die Phantasie vieler Künstler an (hier eine Darstellung aus dem 19. Jh.).

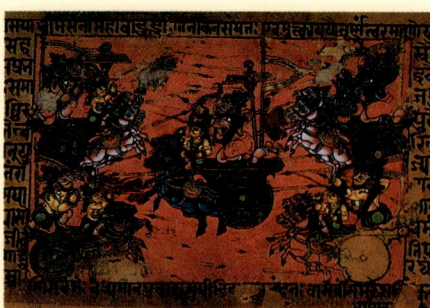

Aus dem 16. Jh. stammende Illustration aus dem Mahabharata, dem indischen Nationalepos.

753 Der Legende zufolge Gründung der Stadt Rom.

Kleine Bronzefigur aus der Zeit der chinesischen Choudynastie (1122–249).

Der assyrische König Tiglatpileser III. an der Spitze seiner Truppen (geschnitztes Relief).

Um 750 Die Assyrer benutzen aufgeblasene Tierhäute als Schwimmhilfe bei ihren zahlreichen Kriegszügen.

Um 745 Tiglatpileser III. verfolgt eine Politik ständiger Eroberungen. Massendeportationen aus neueroberten Regionen tragen zur Festigung der

Ehrerbietung: Israels König Jehu leistet dem assyrischen Herrscher Salmanassar III. Tribut.

assyrischen Macht bei, und innerhalb von etwa zwölf Jahren weitet Tiglatpileser Assyriens Macht bis an die ägyptische Grenze aus.

Unter assyrischem Druck kommt es in Israel zu einer wachsenden politischen Unruhe. Innerhalb von zehn Jahren regieren fünf verschiedene Könige das Land.

In der Antike gelangte die See- und Handelsmacht Karthago zu großer Blüte.

722 Die israelitische Hauptstadt Samaria wird nach einer dreijährigen Belagerungszeit von den Truppen

Salmanassars V. zerstört. Israel wird zur assyrischen Provinz Samaria.

Um 720 In Mittelitalien stellen die Etrusker künstliche Zähne aus Gold und Knochen her.

713 Sargon II. von Assyrien befestigt in Khorsabad einen Ort von rund eineinhalb Quadratkilometern Fläche mit Tempeln, Waffenkammern und herrschaftlichen Häusern. Nach Sargons Tod wird

Der assyrische König Sargon II. im Gespräch mit einem Adligen.

das unvollendete Projekt aufgegeben, und sein Nachfolger Sanherib erbaut die glanzvolle Stadt Ninive.

Um 705 Der judäische König Hiskija unterstützt einen Aufstand gegen Assyrien, der aber niedergeschlagen wird.

Um 680 Die Assyrer übernehmen das Aquädukt, das sie in den Bergen von Armenien gesehen hatten.

671 König Asarhaddon von Assyrien festigt durch verschiedene Feldzüge sein Reich. Er marschiert u. a. gegen Ägypten und nimmt die Stadt Memphis ein.

640–609 König Joschija versucht, Juda vor fremden Einflüssen zu schützen, und führt soziale und religiöse Reformen durch.

Der Ringkampf zählte bei den Olympischen Spielen zu den wichtigsten Disziplinen.

612 Die assyrische Hauptstadt Ninive wird von verbündeten Streitkräften der Meder und Chaldäer erobert. Dieses Ereignis trägt mit dazu bei, daß Babylon wieder zur bedeutendsten Macht im Vorderen Orient aufsteigt.

Heldenkampf: Achilleus tötet Hektor, wie es in der *Ilias* beschrieben ist (rechts).

Assyriens König Sanherib fährt in seinem Streitwagen aus.

605 Nebukadnezar II. von Babylonien schlägt eine Streitmacht des ägyptischen Königs Necho II. bei Karkemisch. Mit diesem Sieg festigt er die babylonische Vorherrschaft im Nahen Osten.

597 Nebukadnezars Truppen nehmen Jerusalem ein und verschleppen die Angehörigen des königlichen Haushaltes, einen Teil des Adels und die besten Handwerker nach Babylon.

587 Wieder wird Jerusalem von babylonischen Soldaten geplündert. Die Stadtmauern werden niedergerissen und der Tempel dem Erdboden gleichgemacht. Darüber hinaus werden große Teile der Bevölkerung deportiert.

Assyrische Truppen belagern die judäische Stadt Lachisch.

582 Die Zerstörung Jerusalems ist abgeschlossen.

Um 575 Nebukadnezar II. läßt für seine Lieblingskonkubine einen prunkvollen Palast mit prächtigen Terrassengärten anlegen. Eventuell handelt es sich hierbei um die *Hängenden Gärten der Semiramis*, eines der Sieben Weltwunder der Antike.

Eine Münze, die nach den Anweisungen des lydischen Königs Krösus geprägt wurde.

Um 560 Gautama Siddhartha, der Begründer des Buddhismus, erblickt in den Vorgebirgen des Himalaya das Licht der Welt.

551 Geburt des chinesischen Philosophen Konfuzius, dessen Lehren über gehorsame Pflichterfüllung im Reich der Mitte großen Einfluß erlangen.

550 Der lydische Herrscher Krösus läßt die ersten Gold- und Silbermünzen prägen.

539 Der Perserkönig Kyros II. (genannt der Große) erobert Babylon.

538 Nach der Einnahme Babylons durch die Perser hat die im Exil lebende israelitische Gemeinde die Wahl, in ihre Heimat

Darstellung Gautama Siddharthas, der als Ehrentitel den Namen Buddha trägt.

zurückzukehren, doch die Mehrheit der Menschen entscheidet sich gegen diesen Schritt.

522–486 Großkönig Darius I. schließt die Ausweitung des Perserreiches ab, das nun von Indien bis nach Griechenland reicht. Im Imperium gibt es neben zahlreichen Straßen einen Nilkanal, der das Mittelmeer mit dem Roten Meer verbindet.

Konfuzius und der Begründer des Taoismus, Lao-Tse, sind auf diesem Gemälde aus dem 18. Jh. gemeinsam dargestellt.

Dieses Mosaik zeigt den persischen Herrscher Darius III. in der Schlacht von Issos.

520 Persiens Herrscher ernennt ein Mitglied der im Exil lebenden israelitischen Königsfamilie zum Regenten Judäas, um mehr Familien zur Rückkehr in die Heimat zu bewegen.

516 In Jerusalem wird der neugebaute Tempel geweiht.

Im alten Orient waren Schreiber sowohl Lehrer als auch Experten in Rechtsfragen.

509 In Rom schaffen Patrizier die Monarchie ab und gründen eine Republik.

490 Die Athener schlagen eine persische Invasion bei Marathon zurück. Angeblich bringt ein Läufer die frohe Kunde nach Athen und wird damit zum ersten Marathonläufer. Die Bedrohung durch die Perser endet jedoch erst zehn Jahre später nach weiteren Land- und Seeschlachten.

458 Durch die Bemühungen des alttestamentlichen Priesters Esra und anderer Schreiber wird im neuerstandenen Staat Juda, der unter persischer Oberhoheit steht, das Gesetz von Mose wiederhergestellt.

410 Der griechische Philosoph Demokrit erklärt, daß alle Materie aus unsichtbaren Teilchen besteht, die sich in ständiger Bewegung befinden – aus Atomen.

Um 400 Die Heldentaten der Zehntausend, die als Söldner unter dem Griechen Xenophon in einem persischen Bürgerkrieg kämpfen, versetzen die griechische Welt in Aufruhr.

399 Der griechische Philosoph Sokrates wird im Alter von 70 Jahren zum Tod durch den Schierlingsbecher, einen Gifttrunk, verurteilt.

Um 390 Eine keltische Horde, die über die Alpen kommt, plündert und zerstört Rom. Die Bürger der Stadt zahlen die Eroberer mit Gold aus und beginnen mit dem Wiederaufbau.

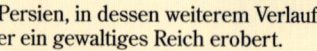

334 Der makedonische Herrscher Alexander der Große beginnt seinen Feldzug gegen

Alexander der Große.

Persien, in dessen weiterem Verlauf er ein gewaltiges Reich erobert.

333 Alexander der Große schlägt König Darius III. von Persien in der Schlacht von Issos. Der persische Monarch flieht ohne seine Familie.

Um 330 Alexander der Große nimmt Babylon ein. Auf seinem weiteren Vormarsch dringt er mit seiner Armee in das nördliche Indien ein.

323 Alexander stirbt in Babylon nach einer Regierungszeit von mehr als zwölf Jahren an einem Fieber.

Um 305 Die babylonische Astrologie verbreitet sich in Griechenland.

Um 300 Babylon verliert durch die Gründung Seleukeias am rechten Tigrisufer seinen Rang als Hauptstadt des Perserreiches.

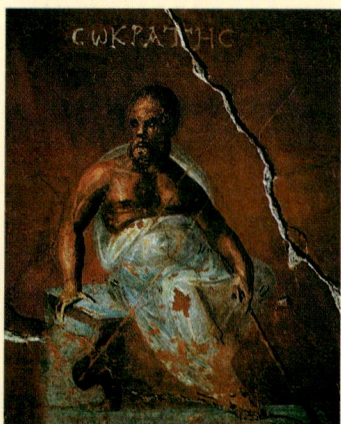

Sokrates' Lehren beherrschten die griechische Philosophie.

264 – 4 v. Chr.

Der römische Redner und Staatsmann Cicero war ein Widersacher Julius Cäsars.

264 Der indische König Aschoka bekennt sich zum Buddhismus und fördert damit die Verbreitung dieser Religion im größten Teil Indiens.

Um 250 Die Zeit ist geprägt von zahlreichen bahnbrechenden Neuerungen. So entdeckt der griechische Mathematiker und Physiker Archimedes das Hebelgesetz und konstruiert u. a. den Flaschenzug. Der aus Alexandria stammende Ingenieur Ktesibios erkennt die Bedeutung der Dampfkraft, setzt diese jedoch nicht praktisch ein. Außerdem wird ihm die Erfindung zahlreicher mechanischer Apparate zugeschrieben.

Viele der alten Schriftrollen, die man in Höhlen um Kumran am Toten Meer fand, wurden in Krügen aufbewahrt.

Filigranarbeit: Miniatur-Schafstall aus der chinesischen Handynastie.

218 Der karthagische Feldherr und Staatsmann Hannibal überquert mit Fußtruppen, berittenen Soldaten und mehreren Elefanten die Alpen, um der römischen Offensive gegen Spanien zuvorzukommen.

193 Die Verwendung einer Art Beton aus Schutt, Asche und Kalk revolutioniert die Bautechniken der Römer. Da das Gemisch unter Wasser hart wird, benutzt man es vor allem beim Bau von Häfen.

Der Julianische Kalender reformierte die antike Zeitrechnung.

166–160 Religiöse Nationalisten, angeführt von Judas Makkabäus und seinen Brüdern, führen eine erfolgreiche Revolte gegen die griechische Vorherrschaft durch und stellen die jüdische Unabhängigkeit für einige Zeit wieder her.

Um 150 Die Weinproduktion profitiert von der Entwicklung der Schraubenpresse, die zum Keltern der Trauben dient.

Polynesische Reisende aus Tonga und Samoa erreichen Tahiti und die Gesellschaftsinseln.

Um 130 Die Chinesen stellen das erste Papier aus Hanf und Lumpen her. Es wird als Kleidung und für hygienische Zwecke benutzt.

Um 100 Etwa aus dieser Zeit stammen die ältesten bekannten Bibelhandschriften. Hierbei handelt es sich um mehrere Schriftrollen, die in der Nähe der Ruinenstätte Kumran in Westjordanien entdeckt wurden.

90 Chinesische Ärzte entdecken, daß es einen Blutkreislauf gibt.

63 Marcus Tillius Tiro, ein freigelassener Sklave, zeichnet die Reden des römischen Redners und Verfechters der republikanischen Sache, Cicero, mit Hilfe der Stenographie auf.

Römische Truppen unter dem Feldherrn Pompejus erobern Damaskus.

54 Die erste römische Invasion Großbritanniens unter Julius Cäsar findet statt.

46 Der von Cäsar eingeführte Julianische Kalender von drei Jahren mit je 365 Tagen, gefolgt von einem Schaltjahr mit 366 Tagen, verbessert den alten römischen Kalender. Die bis zu diesem Zeitpunkt auf dem Mondjahr basierende Zeitrechnung richtet sich nun nach dem Sonnenjahr. Um den Kalender den Jahreszeiten anzupassen, erhält das Jahr 46 v. Chr. 67 zusätzliche Tage.

45 Julius Cäsar gewährt den Juden die Privilegien eines bevorzugten Volkes. Dazu gehören die Freiheit des Glaubens, die Befreiung vom Militärdienst und das Recht, eine jährliche Tempelsteuer nach Jerusalem zu schicken.

37 Die Römer erobern Jerusalem. Im selben Jahr läßt der beim Volk unbe-

Der berühmte römische Kaiser und Feldherr Julius Cäsar.

liebte jüdische Herrscher Herodes I. (genannt der Große) den Tempel von Jerusalem wiederaufbauen.

10 Auf römischen Baustellen werden Kräne eingesetzt.

Um 5 Herodes Antipas wird jüdischer König. Um das Jahr 25 n. Chr. läßt er den Bußprediger Johannes den Täufer hinrichten.

Ein chinesischer Papierhersteller errichtet eine Presse.

4 In dem vermuteten Jahr der Geburt Jesu Christi ist die Gesamtzahl der Juden weltweit auf ungefähr 8 Mio. Menschen angewachsen, von denen die meisten außerhalb Judäas leben.

REGISTER

BILDNACHWEIS